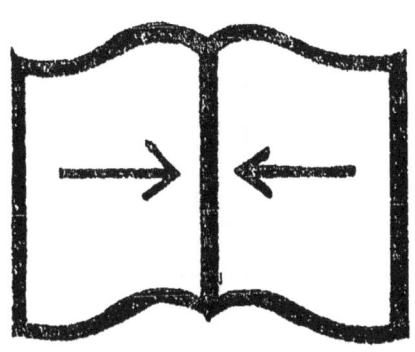

RELIURE SERREE
Absence de marges
intérieures

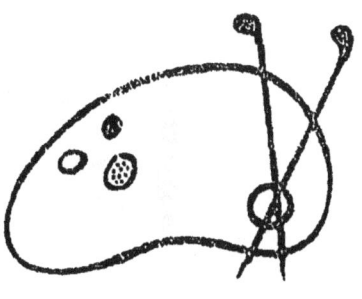

Début d'une série de documents
en couleur

VALABLE POUR TOUT OU PARTIE
DU DOCUMENT REPRODUIT

NINIE GUIGNON, par HENRY DE KOCK

2 francs franco

V. AUREAU — IMPRIMEUR DE LAGNY

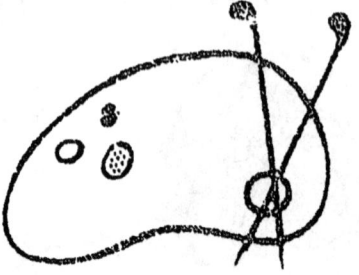

Fin d'une série de documents en couleur

## LA
## PETITE LISE

EN VENTE A LA MÊME LIBRAIRIE

# ŒUVRES DE CH. PAUL DE KOCK

AVEC UNE GRAVURE HORS TEXTE

ÉDITION A **2** FRANCS LE VOLUME

| | | | |
|---|---|---|---|
| L'Amoureux transi......... | 1 vol. | Le Petit Bonhomme du coin. | 1 vol. |
| Une Gaillarde............. | 2 » | Mon ami Piffard........... | 1 » |
| La Fille aux trois jupons... | 1 » | Les Demoiselles de Magasin | 2 » |
| La Dame aux trois corsets. | 1 » | Une Drôle de maison....... | 1 » |
| Ce Monsieur............... | 1 » | Mme de Monflanquin........ | 2 » |
| La Jolie Fille du faubourg. | 1 » | Maison Pordaillon et Cie... | 2 » |
| Les Femmes, le Jeu et le Vin............... | 1 » | Le Riche Cramoisan........ | 1 » |
| Cerisette.................. | 2 » | La Bouquetière du Château-d'Eau........... | 2 » |
| Le Sentier aux Prunes... | 1 » | La Famille Braillard....... | 2 » |
| M. Cherami................ | 1 » | Friquette.................. | 1 » |
| M. Choublanc.............. | 1 » | La Baronne Blaguiskoff... | 1 » |
| L'Ane à M. Martin......... | 1 » | Un Jeune Homme mystérieux............. | 1 » |
| Une Femme à trois visages. | 2 » | La Petite Lise............. | 1 » |
| La Grappe de groseille... | 1 » | La Grande Ville........... | 1 » |
| La Mariée de Fontenay-aux-Roses........... | 1 » | La Famille Gogo.......... | 2 » |
| L'Amant de la Lune...... | 3 » | Le Concierge de la rue du Bac............ | 1 » |
| Papa Beau-Père........... | 1 » | Les nouveaux Troubadours. | 1 » |
| La Demoiselle du cinquième............ | 2 » | Un petit-fils de Cartouche. | 1 » |
| Carotte................... | | Sans-Cravate.............. | 2 » |
| La Prairie aux coquelicots............ | 2 » | Taquinet le Bossu......... | 1 » |
| Un Mari dont on se moque. | 1 » | L'Amour qui passe et l'Amour qui vient....... | 1 » |
| Les Compagnons de la Truffe.............. | 2 » | Madame Saint-Lambert.... | 1 » |
| Les Petits Ruisseaux...... | 1 » | Benjamin Godichon........ | 1 » |
| Le Professeur Ficheclaque.............. | 1 » | Paul et son chien......... | 1 » |
| Les Etuvistes............. | 2 » | Les époux Chamoureau.... | 1 » |
| L'Homme aux trois culottes.............. | 1 » | Le Millionnaire........... | 1 » |
| Madame Pantalon......... | 1 » | Le petit Isidore........... | 1 » |
| Madame Tapin............ | 1 » | Flon, Flon, Flon Lariradondaine.............. | 1 » |
| | | Un Monsieur très-tourmenté............ | 1 » |

Il a été tiré, de chaque ouvrage, cent exemplaires sur très-beau papier de Hollande, gravure sur chine, à 5 francs le volume

F. Aureau. — Imprimerie de Lagny.

ŒUVRES DE CH.-PAUL DE KOCK

# LA
# PETITE LISE

Pour être heureux :
Garde ton esprit de l'ennui, ta conscience
des remords, et ta vieillesse de la misère.
PROVERBE ARABE.

PARIS
A. DEGORCE-CADOT, ÉDITEUR
9, RUE DE VERNEUIL, 9

Tous droits réservés

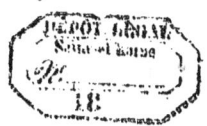

# CAUSERIE-PRÉFACE

Depuis quelque temps une nouvelle maladie a fait rruption dans Paris, dans la banlieue, dans toute la France; je pourrais même ajouter qu'elle s'étend aussi à l'étranger. Rassurez-vous, cher lecteur et charmante lectrice (je trouve toujours une lectrice charmante), cette maladie n'est point de celles dont on meurt, ou qui peuvent altérer vos traits ravissants... (j'aime aussi à croire que vous possédez des traits ravissants) c'est tout bonnement celle des *autographes*, laquelle traîne presque toujours à sa suite celle des *Albums*.

Quand un homme a le bonheur... je crois qu'il vaudrait mieux dire le malheur!... enfin quand un homme a quelque célébrité, il ne se passe guère de jours sans qu'il reçoive des demandes d'autographes, ou voie arriver chez lui un monsieur, qui lui est totalement inconnu, mais qui porte sous son bras un objet assez volumineux, soigneusement enveloppé dans du papier, puis fourré dans un étui en carton. Ce monsieur, après force salutations et tous les lieux communs que l'on débite à quelqu'un de qui l'on désire obtenir quelque chose, démaillotte l'objet qu'il portait sous son bras, ôte le papier, ouvre l'étui, et vous met sous les yeux un album plus ou moins bien relié, mais dans lequel il y a encore une très-grande quantité de feuilles blanches, puis il vous dit de a voix la plus insinuante :

— Monsieur, je possède déjà sur mon album des noms justement célèbres ; mais le vôtre me manque, le vôtre qui est indispensable à mon bonheur !... De grâce, monsieur, ne me refusez pas ! veuillez écrire quelques lignes sur une de ces pages blanches... ce que vous voudrez, la moindre des choses... je ne tiens pas à ce que ce soit en vers... Cependant j'avoue que les vers ont un charme de plus, on les retient mieux ; si vous n'avez pas le temps en ce moment, si vous désirez rêver à ce que vous écrirez là, je vais vous laisser mon album, je reviendrai dans trois ou quatre jours... quand vous voudrez!

Vous êtes déjà de fort mauvaise humeur d'être dérangé par ce monsieur, qui vous trouble dans votre travail, et, sans aucun titre, aucune recommandation, vient vous faire une demande que des amis, des connaissances n'osent quelquefois pas vous adresser. Un quêteur d'aumônes vous ennuierait moins, parce que vous auriez le droit de le mettre à la porte tout de suite. Mais l'homme-album vous regarde comme s'il venait vous demander votre voix pour l'Académie. Vous ne vous souciez pas, en gardant l'album, de recevoir une nouvelle visite de ce monsieur, et tout en maugréant, tout en laissant voir l'ennui que cela vous cause, vous ouvrez l'album à une page blanche, vous prenez votre plume... Ce monsieur est dans l'enchantement; il sera peut-être moins enchanté quand il lira ce que vous avez écrit; mais enfin, puisqu'il ne veut que votre écriture et votre signature, il sera toujours satisfait.

Vous écrivez la première chose qui vous vient à la tête; il faut toujours tâcher que ce soit une bêtise... c'est quelquefois plus difficile à trouver qu'on ne croit. On m'a assuré que *Scribe*, fatigué aussi par les gens à

*Album,* écrivait toujours dessus : *J'ai perdu mon parapluie!...* c'était bien suffisant.

Je dois dire cependant que les albums se présentent moins souvent chez vous que les simples demandes d'autographes. Celles-ci se font presque toujours par correspondance. Vous recevez à chaque instant des lettres, non-seulement de Paris, mais de la province et même de l'étranger. Quelquefois vous croyez reconnaître l'écriture d'une personne que vous aimez et dont vous seriez enchanté d'avoir des nouvelles ; vous décachetez avec empressement... mais non! c'est encore une demande d'autographe, d'une personne que vous n'avez jamais vue, que probablement vous ne verrez jamais, et qui trouve tout simple de vous tailler de la besogne, comme si vous deviez être à ses ordres!

Dernièrement je reçois une lettre d'un monsieur qui m'envoie des vers dont je suis l'auteur, et que probablement il avait lus et copiés dans un album. Cela m'apprendra à me laisser aller jusqu'à y mettre des vers. Si, comme *Scribe,* je n'avais écrit que : *J'ai perdu mon parapluie!* ou j'ai égaré ma canne, il est bien à parier que ce monsieur n'aurait pas copié cela et ne me l'aurait pas envoyé, avec prière de le lui transcrire pour avoir ces *jolis* vers écrits par moi. Ce monsieur ne cesse de me répéter dans sa lettre qu'il veut absolument avoir quelque chose de moi.

Si je lui avais répondu, ce dont je me suis bien gardé, je lui aurais dit : Vous voulez avoir quelque chose de moi, mais à quel titre? Est-ce que j'ai reçu quelque chose de vous, moi?

On m'a conté que jadis *Lablache*, fameux chanteur italien, avait reçu de ses admirateurs un si grand nombre de tabatières, qu'il aurait pu en paver son appartement, et se promener dans trois pièces, en marchant rien que sur les tabatières, toutes plus ou moins ravissantes, dont on lui avait fait présent. Certainement, je n'ai jamais chanté comme *Lablache!* mais enfin, à la quantité immense de demandes que je reçois, et de compliments que l'on veut bien m'adresser sur mes romans, je dois penser que j'ai aussi un assez grand nombre d'appréciateurs. Eh bien, depuis que j'écris... et il y a longtemps, vous le savez! jamais je n'ai reçu autre chose que des demandes d'autographes.

Je ne demande rien, je n'ai jamais rien demandé, dans aucun genre, et je ne demanderai jamais rien. Dieu merci, si j'ai fait mon chemin, je l'ai fait seul, sans intrigue et sans appui. Mais par grâce laissez-moi tranquille et ne m'assommez pas avec vos demandes d'autographes!... Je ne désire pas les tabatières de Lablache, je n'ai jamais pris de tabac!... ce qui ne m'empêche pas d'admirer une jolie boîte, quand elle en vaut la peine.

— Que diable alors aurait-on pu vous offrir? me disait un monsieur, qui me demande toujours des exemplaires de mes romans... C'est plus indiscret encore qu'un autographe.

— Monsieur, lui dis-je, quand on tient à recevoir une réponse de quelqu'un, il y a cependant un moyen bien simple : Si j'habitais Tours, je lui enverrais des pruneaux; du Mans, je lui enverrais un chapon; de Strasbourg, un pâté; de Reims, du champagne... Chaque pays a sa spécialité, et il faudrait bien qu'il m'accusât réception de mon cadeau.

Ce monsieur a paru fort étonné que j'aie trouvé ce moyen-là.

Pendant que je suis sur les autographes, je ne puis m'empêcher de vous citer un monsieur qui m'écrivait de Nice, et après m'avoir fait sa demande, me priait de lui adresser ma réponse à Nice, *poste restante*, au nom qu'il indiquait.

Si j'avais répondu à ce monsieur, ce que je me suis bien gardé de faire, je lui aurais dit : Monsieur, la poste restante ne s'emploie que dans deux cas : en amour et en politique. Vous n'êtes pas amoureux de moi, j'aime à le croire; et pour ce qui est de la politique, je ne m'en suis jamais occupé et ne m'en occuperai jamais. Pourquoi donc, au lieu de me donner franchement votre adresse, voulez-vous que je vous réponde *poste restante*? Vous avez donc peur que je sache qui vous êtes et où vous demeurez?... Et vous me demandez ma signature... En vérité, vous n'êtes guère logique, monsieur.

Pendant que je suis en train de causer avec vous, cher lecteur et adorable lectrice, je pourrais vous confier encore un de ces ennuis auxquels il nous est quelquefois difficile de nous soustraire, malheureuses célébrités que nous sommes. Mais je crains d'abuser de votre patience, ce sera donc pour une autre occasion.

# LA PETITE LISE

## I

#### UNE BONNE EN COURSE.

Adrienne!... Adrienne!... mais voyez un peu si elle viendra!... Adrienne!... Ah! cette fille est insupportable... Jamais là quand on a besoin d'elle... Et pas de sonnette... il doit y en avoir une ici pourtant... Adrienne!...

Une grosse fille, assez fraîche, assez bien faite; figure commune, le nez plus large que long et les cheveux d'un blond qui sent le roussi, arrive enfin dans une pièce qui pouvait passer pour un boudoir, et dans laquelle une dame était étendue et semblait évanouie sur une causeuse, tandis qu'une autre, plus jeune, mais peu jolie et dont la toilette élégante ne parvenait pas à faire oublier sa laideur, lui frappait dans la main, tout en appelant à grands cris la femme de chambre.

— Qu'est-ce qu'il y a donc, madame? demande mademoiselle Adrienne qui ne semble pas s'être pressée du tout pour arriver, vous criez!... vous criez comme si le feu était à la maison.

— Ce qu'il y a?... vous ne le voyez donc pas, mademoiselle, votre maîtresse vient de se trouver mal... après avoir poussé un cri déchirant... et puis, voyez comme elle s'agite... se raidit...

— Ah! oui... je connais ça... madame a ses nerfs... ses crises... ça lui prend quand elle est contrariée... ou qu'elle s'est disputée avec M. Casimir...

— Ça lui a pris tout à l'heure après avoir lu une lettre que vous veniez de lui apporter... Enfin, quand Ambroisine a ses crises, vous lui faites prendre quelque chose, je pense... vous ne la laissez pas sans secours?

— Assurément, madame, je lui fais prendre la potion... une potion que le médecin a ordonnée... Et ça fait revenir madame au bout de quelques minutes...

— Et bien, Adrienne, voyons... donnez-lui de sa potion... hâtez-vous, car elle semble bien souffrir, cette pauvre Ambroisine... Vous savez où elle est cette potion?

— Oui madame, oui... certainement que je le sais... Ah! mon Dieu! mais je me rappelle...

— Quoi donc?

— Ah! saperlotte... oui, madame m'avait dit d'aller hier faire préparer une autre bouteille... Oui... tenez... ça me revient...

— Comment, il n'y a donc plus de potion ici?

La femme de chambre, qui a été ouvrir une armoire, en rapporte une fiole en verre blanc, mais qui est entièrement vide, et la présente à l'amie de sa maîtresse, en disant :

— Tenez... voyez... je ne vous mens pas, il n'en reste pas une goutte.

— Et vous n'avez pas été en commander hier...

— Je l'ai oublié... c'est la faute à la portière qui m'a arrêtée pour me parler de son chat comme je sortais... son chat a disparu depuis deux jours...

— Mais il n'est pas question du chat de la portière, c'est votre maîtresse qu'il faut secourir. Avez-vous l'ordonnance pour cette potion?

— Oui, madame, puisque je comptais y aller hier... elle doit être encore dans ma poche.

Et mademoiselle Adrienne fouille dans sa poche; elle en sort d'abord des grains de raisin muscat sec; elle sourit en disant :

— C'est cet imbécile de garçon épicier, il faut tou-

jours qu'il me fourre quelque chose dans ma poche...
J'ai beau lui dire : laissez-moi tranquille, gardez donc
vos mendiants... je n'irai pas cueillir la noisette avec
vous.

— Cette ordonnance, Adrienne, il ne s'agit pas de ce
que vous dites au garçon épicier.

— Ah! ça doit être ça!...

Adrienne développe un papier et lit l'adresse d'un
nouveau magasin de confection où l'on offre les marchandises à quatre-vingts pour cent de perte; elle le
jette de côté, en disant :

— J'y suis allée, madame, mais ce sont des men-
teurs, ils ne vous vendent pas du neuf... ils m'ont vendu
un pantalon de drap qui avait été retourné.

— Ah! vous achetez des pantalons en drap pour
vous ?

— Non, c'était pour le frère d'une de mes payses.

— Mais vous avez donc perdu cette ordonnance, malheureuse!

— Non, madame; tenez, la v'là, la v'là... elle en-
tortillait des morceaux de sucre que m'a donnés le garçon limonadier...

— Maintenant, courez chez le pharmacien... Est-ce
loin?

— Non, madame... tout près... au bout de la rue
Meslée, la belle pharmacie, dans la maison neuve, qui

donne presque sur la rue du Temple. Ah ! c'est une des meilleures de Paris.

— Pourvu que cette potion ne soit pas très-longue à faire.

— Oh! non, madame. Et puis je leur dirai que c'est pressé, ils me la feront tout de suite; ils sont très-complaisants, très-gentils, les messieurs de la pharmacie.

— Vous y courez tout de suite, n'est-ce pas ?

— Oui, madame; seulement le temps de mettre un bonnet, et je pars.

— A quoi bon mettre un bonnet? Vous ne pouvez pas aller comme vous voilà ?

— Oh! madame ne veut pas que je sorte jamais en cheveux; elle dit que c'est mauvais genre.

— Mais votre maîtresse n'en saura rien.

— Pardon, on pourrait me rencontrer et lui dire qu'on m'a vue dans la rue sans bonnet !... Madame me renverrait tout de suite; mais soyez tranquille, ce sera bien vite fait.

La jeune bonne court à sa chambre qui est dans les mansardes. Elle prend un bonnet, le place sur sa tête, se regarde dans un petit miroir, ne se trouve pas bien coiffée; ôte le bonnet, en cherche un autre au fond d'un mauvais carton, l'essaie, se regarde; puis, après un moment d'hésitation, l'ôte encore et reprend le premier bonnet; cette fois, elle s'en tient là, et descend enfin ses cinq étages, pour aller faire faire la potion à sa maîtresse, qui a tout le temps de se trouver mal.

Mais, au moment où elle va passer devant la portière, celle-ci lui crie :

— Mamzelle Adrienne! mamzelle Adrienne!... ah ! une bonne nouvelle...

— Quoi donc, madame Bédou?

— Mon chat est retrouvé... ce pauvre Pagnole !... il est retrouvé... Tenez, le voilà.

— Tiens, c'est vrai; et où donc était-il?

— Ah! je vas vous conter ça, c'est toute une histoire. Entrez donc un moment.

— Je ne peux pas, je vais chez le pharmacien faire faire une potion pour madame qui se trouve mal... qui a ses crises de nerfs.

— Vous savez bien qu'elle y est sujette. Figurez-vous que c'est ce gueux, ce pendard du cinquième... le soi-disant homme de lettres...

— Ah! M. Noirci.

— Oui, c'est ce scélérat de M. Noirci qui, pour se venger de ce que l'autre jour je ne lui avais pas ouvert à deux heures du matin... Comprenez-vous un homme qui loge dans une mansarde de cent soixante francs, se permettre de rentrer à deux heures du matin... Et jamais il ne donnerait la plus légère gratification!... Eh bien, c'est lui qui avait enfermé Pagnole chez lui...

où je suis bien certaine qu'il ne lui donnait pas à manger ; aussi, ce pauvre martyr est fondu de moitié depuis deux jours... heureusement la bonne de l'avoué du second a entendu ses plaintes, elle est venue me dire : Je crois que votre chat est enfermé chez l'homme de lettres... je n'ai fait qu'un bond jusqu'au cinquième... et j'ai reconnu la voix de mon chéri... J'ai frappé... j'aurais enfoncé la porte s'il n'avait pas ouvert... il me criait : « Je ne suis pas levé... — Levez-vous, que je lui réponds ! — Je ne suis pas habillé... — Je m'en fiche pas mal... est-ce que vous croyez que j'ai envie de vous photographier... » Enfin il a ouvert, mon chat est venu se jeter dans mes bras... et je vous certifie que le Noirci aura son congé au terme... d'ailleurs, il ne paye pas... on n'avait pas l'intention de le garder.

— Au revoir, madame Bedou.

— Je vous dirai quand vous reviendrez ce que l'homme de plume a dit pour s'excuser d'avoir enfermé Pagnole. Figurez-vous...

— Oui, oui, quand je reviendrai.

Mademoiselle Adrienne est enfin dans la rue. Lorsqu'elle passe devant la boutique de l'épicier, un garçon, qui semblait la guetter, lui barre le passage, en lui disant :

— Où donc courons-nous comme ça ?... que vous avez l'air d'être sur un vélocipède.

— Ah! c'te bêtise! comme si les femmes pouvaient aller là-dessus... c'est dommage tout de même, car ce nous serait bien commode pour faire nos commissions.

— Les femmes peuvent y aller... elles n'ont qu'à se culotter... comme les pipes.

— Voyons, monsieur Ciboulette, laissez-moi passer, je n'ai pas le temps de causer maintenant.

— Oh! vous n'avez jamais le temps avec moi... mais hier, à dix heures du soir, je vous ai bien aperçue causant avec le garçon limonadier du boulevard... les maisons du boulevard Saint-Martin, rive gauche, ont toutes une sortie sur la rue Meslée, c'est commode...

— Eh bien, après... oui, je me rappelle, en effet, je parlais à M. Alexandre... madame voulait prendre une bavaroise au lait avant de se coucher, parce qu'elle avait un peu toussé, elle pensait que cela endormirait son rhume... alors j'allais commander au café ce que voulait madame, quand j'ai rencontré dans la rue M. Alexandre.

— Ah! elle est bonne la bavaroise au lait... je la trouve sucrée...

— De quoi? qu'est-ce que vous voulez dire avec votre air goguenard?

— Je veux dire que si votre maîtresse attendait après pour se coucher, elle a eu le temps de s'endormir avant de la prendre... vous êtes restée une bonne demi-heure dans la rue avec le garçon limonadier.

— C'est qu'il avait beaucoup de choses à me conter apparemment.

— Si c'est comme ça qu'il fait son service, celui-là, on lui donnera bientôt son congé.

— Il s'en moque pas mal, il n'a pas envie de rester où il est; il va prendre un café et s'établir à son compte.

— Oh! alors c'est différent. Et c'est vous qui tiendrez son comptoir?

— Dame! on ne sait pas ; on aurait vu des choses plus étonnantes.

— Alexandre qui va acheter un fonds de limonadier. Ah! ah! ah! elle est encore forte celle-là, elle peut aller avec la bavaroise.

— Monsieur Ciboulette, vous êtes très-méchant, vous dites du mal de tout le monde, vous dénigrez tout le quartier. C'est connu cela... tous les jours un garçon limonadier s'établit à son compte... on ne voit que ça!...

— Oui, mais ce sont ceux qui ont fait des économies, qui ont mis de côté qui font cela... et ce ne sont pas des coureurs, des mange-tout comme votre Alexandre.

— Pourquoi dites-vous : votre Alexandre? il n'est pas plus à moi qu'à une autre! il vous doit donc quelque chose, ce garçon, que vous le traitez si mal?

— Oui, il me doit encore une livre de miel que je lui ai vendue pour sucrer sa tisane, quand il était malade, et, comme le bourgeois m'avait défendu de lui faire crédit, c'est sur moi que ça retombe.

— Mon Dieu! il vous le paiera, votre miel... Tenez, on vous appelle... retournez donc à vos pruneaux.

— Allez-vous revenir?

— Jamais! vous êtes trop mauvaise langue.

La bonne continue sa route; mais à cent pas plus loin elle se croise avec une autre bonne à peu près de son âge et qui est mise très-coquettement. Ces demoiselles s'abordent.

— Ah! c'est toi, Rose.

— Bonsoir Adrienne. Où vas-tu si vite?

— Chez le pharmacien, faire préparer une potion pour ma maîtresse qui a ses nerfs.

— Es-tu toujours chez ta dame Montémolly?

— Oui, toujours.

— Tu t'y plais?

— Hum!... pas trop, on ne s'y amuse pas beaucoup; mais on n'est pas bien gêné, on peut sortir et rentrer tard, voilà ce qui me chausse.

— C'est une femme entretenue, ta maîtresse?

— Dame! on n'a jamais pu savoir... elle se donne pour veuve...

— D'un général, sans doute?... elles sont toutes veuves d'un général... c'est une de leurs toquades...

— Non, la mienne dit que son mari était banquier. Ce qu'il y a de certain, c'est qu'il lui a laissé de la fortune... elle a au moins quinze mille francs de rente... peut-être plus... du reste, elle ne fait pas de dettes, nous payons tout comptant. Oh! nous avons de l'ordre.

— Quel âge a-t-elle, ta madame Montémolly?

— Elle se donne trente-quatre ans, moi, je lui en crois trente-huit, mais pas plus; elle a été fort belle, elle est encore très-bien.

— Et elle a une foule d'adorateurs?

— Mais non! malheureusement!... car s'il en était ainsi, on s'amuserait bien plus chez nous, et les profits seraient plus nombreux.

— Comment?... encore faite pour plaire, ta maîtresse a renoncé aux amours!

— Non! tu n'y es pas... ma maîtresse n'a pas renoncé à l'amour, bien au contraire, elle aime, oh! elle aime passionnément un jeune homme, assez beau garçon, M. Casimir Dernold, qui vient presque tous les jours lui tenir compagnie... qui est musicien, qui est peintre aussi... enfin, qui fait tout ce qu'il veut, mais qui, à ce que je crois, ne veut pas faire autre chose que s'amuser!... Madame est folle de monsieur Casimir, elle ne pense qu'à lui, ne rêve qu'à lui, ne s'occupe que de lui. Et voilà pourquoi elle n'écoute pas tous ceux qui essayent de lui faire la cour... Elle est vraiment fidèle à son amant... au point d'être malade, d'éprouver les plus vives inquiétudes, si celui-ci n'arrive pas à l'heure où habituellement il vient près d'elle... Ah! ma chère Lise!... que c'est bête d'aimer un homme comme ça... et comme on est bien plus heureuse de ne point s'attacher!... Es-tu de mon avis?

— Je crois bien!... moi, j'écoute tous ceux qui me parlent; aussi je n'ai pas un moment de libre... Quand je ne cause pas avec celui-ci, c'est que je cause avec celui-là! Ah! ah!... c'est bien plus amusant! Et ce M. Casimir, l'amant de ta maîtresse, quel âge peut-il avoir?

— De vingt-six à vingt-sept ans, tout au plus.

— Et ta dame en a trente-huit! il doit lui en faire voir de toutes les couleurs!...

— Je ne sais pas... En tout cas, madame le surveille bigrement, elle est jalouse comme une tigresse!... elle le fait suivre; il faut qu'il lui rende compte de ce qu'il fait chaque jour, heure par heure.

— Pauvre garçon, en voilà une existence! J'aimerais mieux être au bagne!...

— Aussi quelquefois il se regimbe, il crie, il envoie madame promener... Oh! alors, ce sont des scènes terribles !... Madame pleure, ou bien elle prend un petit poignard qu'elle cache dans sa ceinture et dit qu'elle va se tuer...

— Bon ! on connaît ça ! elle ne se tuerait pas !...

— Ma foi, il y a un mois, comme elle a su que M. Casimir avait été à Mabille, elle s'est flanqué de son poignard sur la poitrine... Mais apparemment que son bras était mal dirigé, car elle n'a attrapé que son oreille, qui a saigné un peu !

— Ah ! ah ! ah !... elle veut se poignarder par l'oreille... C'est une farceuse que ta maîtresse. Et ce jeune Casimir est donc riche aussi ?

— Riche !... lui !... mais au contraire, il n'a pas le sou... Tu n'as donc pas compris la situation, et pourquoi il est l'esclave de madame ?

— Ah ! j'y suis... j'y suis à présent... c'est elle qui finance...

— Justement, elle le tient par la famine... S'il avait de l'argent, je crois qu'elle ne le tiendrait pas longtemps...

— Eh bien, Adrienne, je ne sais pas si tu es comme moi, mais les hommes qui n'ont pas le sou, je les regarde comme bien peu de chose !...

— Et moi, je ne les regarde pas du tout, fi donc !... Un homme se faire régaler par une femme... mais c'est le monde à l'envers !... Est-ce que l'homme n'est pas fait pour gagner l'argent et la femme pour le dépenser?...

— Eh bien, ma chère, il y a pourtant beaucoup de femmes assez bêtes pour se laisser gruger par leur bon ami... Tiens, voilà la grande Maflée, tu connais bien la grande Maflée?...

— Qui ça... Louisette?

— Oui, mais on l'appelle toujours la grande Maflée, parce qu'elle a les deux joues comme si elle avait des fluxions. Enfin, il y a quelque temps, elle fait une connaissance au bal *Pilodo*, un joli homme, qui lui assure qu'il est de son pays... Il la fait danser toutes les danses les plus distinguées, même celles qu'elle ne savait pas. Puis il lui propose un dîner à la campagne pour le dimanche suivant; elle accepte... elle va dîner avec sa nouvelle connaissance, qui boit comme une éponge; puis, quand vient le moment de payer la carte, ce monsieur déclare à la Maflée qu'il n'a pas reçu de son pays l'argent sur lequel il comptait, et la prie de lui prêter de quoi payer la carte... Elle avait heureusement pris son porte-monnaie. Elle prête vingt francs au monsieur, qui paye et ne lui rend pas sa monnaie... Le dîner n'avait coûté que neuf francs dix sous. Il la ramène à pied, ne lui offre plus rien et la quitte de bonne heure, sous le prétexte qu'il a un travail d'écriture à faire pour un épicier dont il tient les livres. La Maflée, qui n'est pas contente de rentrer de bonne heure un dimanche, se met un bonnet neuf et va au bal Pilodo avec une voisine. Qui trouve-t-elle là ? son grugeur, sa nouvelle connaissance, qui faisait la cour à une femme et lui payait du punch avec le reste de la pièce de vingt francs qu'elle lui avait prêtée...

— Ah ! le tour est joli, et qu'a fait Louisette ?

— Mon Dieu, elle est si bête, elle s'en est allée en pleurant. Mais le plus curieux de l'histoire, c'est que, le dimanche suivant, son bon ami lui a rejoué le même tour. Ils dînent chez un traiteur, et au moment de payer la carte, mon gaillard est encore sans argent.

— Ah ! c'est trop fort ! et elle a encore payé ?

— Oui, elle a payé... mais elle-même, et elle a gardé sa monnaie. Depuis ce temps-là, elle n'a pas revu son grugeur.

— Pauvre Louisette ! mais je ne la plains pas, elle est trop serine. Et toi, Rose, es-tu toujours chez les mêmes bourgeois ?

— Les Dupont ? oh ! non, Dieu merci ! je les ai lâchés ! c'était du trop petit monde, ça ne me convenait pas ! Madame allait au marché, c'est elle qui achetait tout. Monsieur descendait lui-même à la cave ; il savait le compte de ses bouteilles... Il n'y avait rien à faire avec ces gens-là ! des pouilleux, ma chère ! Ils enfermaient le sucre et les liqueurs ; ça ne pouvait pas me convenir. Je n'avais pris cela qu'en attendant, je savais bien que je ne resterais pas avec eux.

— Et aujourd'hui, tu es mieux ?

— Ah! ma chère, j'ai une place ravissante !... je suis chez un monsieur seul, un homme riche, généreux, pas tatillon; il fait des affaires pour son plaisir et seulement pour s'occuper. Nous avons un très-bel appartement ici près, dans la rue Béranger... six pièces second. J'ai fait prendre à monsieur un frotteur, il n'en avait pas, mais il a bien compris que je ne pouvais pas suffire à tout cela.

— Tu as de beaux gages ?

— Six cents francs, sans compter les gratifications... les cadeaux !...

— Ton maître te fait des cadeaux ! tu es bien heureuse !

— Mais oui, encore dernièrement, il m'a donné un foulard magnifique en crêpe de Chine !...

— Quel âge a-t-il, ton monsieur ?

— C'est un homme qui frise la soixantaine... mais il ne les paraît pas... il est encore très-bien !...

— Ah! je comprends... tu es chez lui pour tout faire... Ah! ah! ce sont de bonnes places !...

— Ah! tu penses des bêtises... Eh bien, tu te trompes je t'assure que cela n'est pas...

— Laisse-moi donc tranquille !... Pourquoi te fait-il des cadeaux, alors ?...

— Ah! je ne dis pas que quelquefois il n'aime pas à

batifoler un peu... à rire, à me prendre la taille, mais cela ne va pas jusqu'où tu te l'imagines.

— Mon Dieu, après tout, tu comprends que cela m'est bien égal... tu as bien le droit de faire ce que tu veux et ton bourgeois aussi, puisqu'il est garçon. Est-il veuf ou célibataire?

— Ma foi, je n'en sais rien, je ne le lui ai pas encore demandé... il faudra que je sache cela...

— Ah! mon Dieu, et ma potion qu'on attend... et je bavarde avec toi...

— Tiens, il faut bien causer un peu, nous ne nous rencontrons pas tous les jours!

— C'est égal, je cours chez le pharmacien... Adieu, Rose!

— Au revoir, Adrienne.

## II

### CHEZ LE PHARMACIEN.

Lorsque mademoiselle Adrienne entre enfin dans la pharmacie qui est presqu'au coin de la rue Meslée et de la rue du Temple, il y avait tant de monde dans la boutique, que les jeunes étudiants en drogues ne savaient auquel entendre. Il est, du reste, assez rare de trouver une pharmacie déserte, la foule abonde dans ces officines où l'on espère trouver du remède ou tout au moins du soulagement à ses souffrances ou à celles des personnes qui nous sont chères. Si cela prouve que le métier est bon, cela prouve aussi que nos individus ont souvent besoin de réparation, et que nous sommes loin d'être parfaits; c'est, du reste, ce dont nous sommes convaincus depuis longtemps.

C'est une bonne grosse femme en bonnet rond, elle tient par la main un enfant de quatre à cinq ans, qui est tellement couvert, tellement emmaillotté dans des robes, des paletots, des tabliers et des bourrelets, qu'il est difficile de deviner si c'est un garçon ou une fille; sa mère s'adresse à l'un des jeunes pharmaciens :

— Monsieur, mon petit tousse depuis trois jours que c'est à me fendre le corps et l'âme, et ce sont des quintes comme feu son père qui *jouissait* d'un catarrhe que je n'en dormais pas de la nuit, et que ça l'a emporté l'année dernière avec une indigestion qu'il a prise à la suite d'un bain de vapeur, parce que...

— Madame, il ne s'agit plus de votre mari, puisqu'il est mort, mais de votre petit qui est enrhumé; c'est pour lui, je pense, que vous venez?

— Assurément, monsieur; tenez, le voilà, ce bijou.

— C'est là votre petit garçon?

— Oui, monsieur.

— Je l'aurais pris pour une petite fille.

— A cause de son air malin? ah! oui, qu'il est malin; mais voyez comme il est rouge.

— Ce n'est pas étonnant! vous le couvrez trop! il a trop chaud là-dessous.

— Mais, monsieur, puisqu'il tousse.

— Ce n'est pas une raison pour l'étouffer.

— Qu'est-ce qu'il faut lui faire prendre, monsieur?

— Mon Dieu, madame, une tisane adoucissante... de la mauve sucrée avec du miel; ajoutez-y un peu de lait.

— De vache, monsieur?

— Naturellement.

— On m'avait dit de lui faire prendre du lait d'ânesse.

— Mais non, ce n'est pas la peine... il est trop jeune, il n'a pas du tout l'air d'être poitrinaire...

— Voyez donc s'il a la fièvre, monsieur?

Le jeune homme veut prendre la main du petit garçon, qui la retire en poussant de grands cris.

— Eh bien, Dodore, pourquoi ne voulez-vous pas que monsieur vous prenne la main... donnez-la-lui bien vite, polisson.

— Je ne veux pas moi, nà!...

— Il est espiègle comme un singe... Tirez la langue à monsieur.

— Non! tu m'embêtes!

— Est-il drôle; hein?

— Mais il ne vous respecte guère.

— Ah! monsieur, c'est si jeune, et puis il a retenu ça de son père, qui ne me répondait jamais autrement... Ça me rappelle ce pauvre adoré!... Voulez-vous me donner de la mauve et du miel, monsieur?

— Oui, madame, tout de suite.

— Et vous croyez que le lait d'ânesse ne remplacerait pas ça avec avantage ?

— Mais non, madame ; je vous répète que votre petit n'en a pas besoin. Après cela, si vous tenez absolument à lui en faire boire, cela ne lui fera jamais de mal.

— N'est-ce pas, monsieur ?... Avez-vous une ânesse ici ?

— Oh ! non, madame, nous ne tenons pas de lait d'ânesse !

— Quel dommage !... j'ai une voisine qui a une chèvre, croyez-vous que ça ferait le même effet ?

— Tous les laits que vous voudrez ; le lait ne fait jamais de mal... Voilà votre fleur de mauve et votre miel, madame.

— Merci, monsieur ; faut-il boire chaud ?

— Autant que possible, madame ; cela vaut toujours mieux que froid...

— Dodore, envoyez un baiser à monsieur...

Au lieu d'un baiser, le petit garçon fait la grimace, tire la langue et murmure encore : *Tu m'embêtes !* Sa mère l'emmène en s'écriant :

— Ah ! comme c'est bien son père !...

Une dame, entre deux âges, mise coquette, tournure prétentieuse, s'adresse à un autre élève, et tout en minaudant et faisant une bouche souriante, pour laisser voir un ratelier complétement faux, mais qu'elle croit jouer le naturel, à tromper les plus fins, lui dit :

— Monsieur, il m'est arrivé un accident bien désagréable, et je viens vous prier de m'ôter cela au plus vite...

— Qu'est-ce qu'il faut vous ôter, madame? Si c'est une dent, nous ne sommes pas dentiste...

— Eh non, monsieur; il ne s'agit pas de dents... de ce côté-là il ne me manque rien, Dieu merci... et vous devez bien le voir... mais regardez au-dessus de ma bouche, monsieur, qu'est-ce que vous apercevez?

— Mais j'aperçois votre nez, madame, et c'est assez ordinairement là qu'on le trouve.

— Oui, monsieur, il y a mon nez, dont la forme est assez gracieuse, j'ose le dire; mais sur mon nez... là... à gauche, ne voyez-vous rien ?

— Ah! si, je vois un bouton... déjà assez prononcé et qui est très-rouge même...

— Il est rouge et prononcé... Ah! monsieur! qu'est-ce que cela veut dire ?...

— Cela veut dire qu'il n'est pas encore mûr, madame.

— Mûr? comment mûr? est-ce que vous croyez qu'il doit mûrir, monsieur?

— Mais naturellement, madame; ce n'est qu'un bobo

à présent, mais un bobo même doit suivre son cours... mûrir, blanchir, crever et guérir...

— Mûrir, blanchir!... j'aurais un bouton blanc sur le nez!... ah! quelle horreur!... je ne veux pas de cela!... moi, qui n'ai jamais eu le plus petit mal nulle part... vous entendez, monsieur, nulle part... pourquoi m'est-il venu un bouton sur le nez... quelle peut en être la cause?

— Je l'ignore totalement, madame ; mais un bouton vous vient sans qu'on sache pourquoi ; cela peut arriver à tout le monde!...

— Oh! non, monsieur, quand on est d'une propreté minutieuse, cela ne doit pas arriver... je n'ai pas été fourrer mon nez dans des endroits insalubres, je vous prie de le croire!

— J'en suis bien persuadé, madame!

— Je me débarbouille vingt fois par jour! je me frotte avec du col-cream, avec du vinaigre de Bully, avec de l'eau de Portugal, avec de l'essence de jasmin...

— Trop de choses, madame, il ne faut pas abuser des cosmétiques, cela produit quelquefois un effet tout autre à celui que l'on attendait...

— Enfin, monsieur, vous allez me donner quelque chose pour faire disparaître ce qui m'est venu là, sur le nez... il faut qu'on n'y voie plus rien...

— Madame, ce sera bien difficile... ce serait même

dangereux; avec le nez, il ne faut pas agir inconsidérément... Avez-vous vu votre médecin?

— Un médecin... pour un bobo... par exemple!... D'abord, je ne peux pas sentir les médecins, je les exècre... ils veulent toujours me purger!... Je ne veux pas me purger, moi!

— Vous avez tort, madame, car si vous vous étiez purgée, il est probable qu'il ne vous serait pas venu ce bouton sur le nez.

— Avec quoi faut-il frotter ce bouton pour qu'il disparaisse tout de suite? Il doit y avoir des moyens monsieur.

— Madame, je vous avertis que ce sera dangereux; si vous faites rentrer ce bouton, il vous en viendra plusieurs autres ailleurs!

— Ailleurs, cela m'est bien égal, pourvu que ce ne soit pas au visage.

— Vous le voulez, madame?

— Oui, monsieur, je vais demain en soirée... je veux y aller sans bouton.

— Voilà du cérat saturné, madame, cela sèchera votre bobo...

— Oh! merci, je vais en couvrir mon nez!...

— Le bouton seulement... mais je vous préviens qu'il vous en viendra d'autres...

— Très-bien, monsieur, très-bien!... nous les ferons tous rentrer.

Cette dame prend son petit pot de cérat, paye et s'en va, joyeuse d'avoir de quoi guérir ou du moins dissimuler son bouton.

Elle est remplacée par un monsieur jeune, bien couvert, mais qui a très-mauvaise mine, et s'approche de l'élève d'un air embarrassé. Les étudiants en pharmacie y connaissent; ils devinent pourquoi ce monsieur veut les consulter et vont au-devant de lui. En effet, il leur parle à l'oreille, et alors on le fait passer dans une petite pièce qui est contiguë à la boutique. Là, il explique son cas, toujours à demi-voix. On lui donne une boîte de pilules, de la racine de fraisier pour se faire de la tisane, une bouteille qui contient d'un sirop tout préparé, et ce monsieur emporte tout cela, en poussant un gros soupir.

Les jeunes apprentis pharmaciens se regardent en souriant, et l'un d'eux murmure :

*Ità dis placitum, voluptatem ut mœror
Comes consequatur!...*

— Les dieux ! répond un autre, c'est-à-dire que c'est Mercure tout seul qui a voulu cela ! C'est le dieu du commerce; il aura dit : Cela me fera vendre beaucoup.

— Messieurs ! messieurs ! prenez garde à vos paroles, dit le jeune homme qui est assis dans le comptoir.

— Oh ! monsieur, il n'y a pas de danger, les dames ne savent pas le latin !

Un gros papa arrive, tout en soufflant, et se jette su[r] un siége, en disant :

— Ah ! messieurs, quelle douleur !... Sapristi, quell[e] douleur !

— Est-ce que vous êtes tombé, monsieur?

— Non, oh ! je ne suis pas tombé ; il ne manquera[it] plus que ça !... mais c'est une douleur qui me tient de[-] puis la hanche jusqu'au genou, côté droit...

— Et cela vient de vous prendre en marchant?

— De me prendre?... Il y a trois semaines que j'e[n] souffre. Je n'y ai rien fait, parce que je me disais tou[-] jours : Ça se passera ! mais ça ne se passe pas... C'es[t] pourquoi je me décide à venir...

— Vous eussiez mieux fait de venir plus tôt.

— Ah ! c'est que je n'aime pas à me droguer ! Ordon[-] nez-moi des truffes, du homard, du champagne, à l[a] bonne heure ! je suivrai tout de suite votre ordonnance[.]

— Vous avez peut-être fait abus de tout cela, et c'es[t] pourquoi vous avez maintenant des douleurs. Avez-vou[s] consulté un médecin?

— J'en ai consulté dix, douze, vingt. Chaque foi[s] que je me trouve dans un endroit où il y a un docteu[r,] je le consulte.

— Que vous ont-ils dit que c'était?

— L'un : c'est un rhumatisme ; l'autre, c'est un[e] sciatique ; pour celui-ci c'est la goutte, pour celui-là c'es[t] seulement de la fatigue. Ils m'ont tous ordonné de me faire frictionner.

— Avec quoi?

— Avec du baume Oppodeldoch, avec du baume tranquille, avec du baume de Fioraventi !... et encore une foule d'autres baumes... Moi, comme j'ai du rhum excellent, du vrai rhum de la Jamaïque, j'ai eu l'idée de me faire frotter avec...

— Ce n'était pas mauvais.

— N'est-ce pas. N'ayant point de domestique, je prie mon portier de venir me frotter; il ne demande pas mieux. Je lui donne mon rhum, et je me couche sur le côté qui ne me fait pas mal. Mon portier me frotte à tour de bras... Ça me cuisait fort ! Mon frotteur se reposait souvent. J'ai une fois l'idée de me retourner, je le vois qui buvait de mon rhum à même la bouteille, et il me frottait à sec, le gredin !... Je ne me suis pas fait frictionner depuis. Pouvez-vous me procurer une frotteuse, j'aimerais mieux cela qu'un frotteur...

— Nous vous donnerons une femme qui pose des sangsues et des ventouses; elle frictionne aussi quand cela est nécessaire.

— Est-elle jeune ?

— De cinquante à soixante ans.

— Je l'aurais préférée de vingt-cinq à trente.

— Qu'importe, pourvu qu'elle vous frictionne bien...

Une jeune pourrait vous donner des distractions, [et]
c'est ce qu'il ne faut pas.

— Ah! vous croyez que les distractions sont contrai[-]
res à ma douleur...

— Assurément. Vous feriez bien aussi de vous fai[re]
appliquer des ventouses et quelques vésicatoires volant[s.]

— Oh! pendant que j'y serai, ça m'est égal, je fera[i]
usage de tout pour guérir plus vite. Voilà mon adresse[,]
envoyez-moi demain matin la frotteuse avec des sang[-]
sues, des ventouses et des volants.

— Mais il ne faut pas mettre tout cela en mêm[e]
temps.

— Si fait, ça va plus vite! Voyez-vous, je ne m[e]
drogue jamais! mais une fois que je m'y mets, je n[e]
veux rien me refuser. Donnez-moi toujours un baum[e]
quelconque, je tâcherai de me frotter moi-même e[n]
attendant votre jeune frotteuse.

Pendant qu'on sert ce monsieur, une femme en fichu
sur la tête, entre tout éplorée et court s'adresser a[u]
monsieur qui est dans le comptoir.

— Ah! mon cher monsieur Narcisse! qué guignon!
qué mauvaise chance j'ai depuis quelque temps! A peine
ma petite est rétablie de sa grippe et mon garçon d[e sa]
rougeole, et v'là mon mari qui est malade, qui ne peut
plus travailler!.... c'est le bouquet!

— Qu'est-ce qu'il a, votre mari?

— Ah! une singulière maladie... mais il paraît que

c'est dangereux... Figurez-vous qu'il a attrapé un entracte !...

— Un entracte ! qu'est-ce que vous me contez là ?

— Je vous conte ce que m'a dit lui-même le médecin, qui est un homme savant... et qui a tout de suite dit : c'est ça !... c'est un entracte ! Ah ! après tout, André aime tant le spectacle, il voulait s'enrôler dans les claqueurs ; il dépense tout son argent à acheter des contre-marques ; c'est pas étonnant qu'il ait gagné un entracte, que ça le tient tout dans le dos...

— Ah ! je comprends maintenant... c'est un anthrax qu'a votre mari.

— Eh ben, voilà une heure que je vous le dis !... un entracte dans le dos ! ça doit être un coup d'air, n'est-ce pas ?

— Pas tout à fait, mais c'est très-mauvais... vous devez avoir une ordonnance.

— Oui, oh ! je crois bien... le médecin a écrit tout ça... Ce sera-t-il long à faire ?

— Non, asseyez-vous cinq minutes, on vous donnera tout ce qu'il vous faut.

— Alors je vas attendre... Mais c'est égal, quand son entracte sera guéri, qu'il vienne donc encore me parler de spectacle, André ; je lui dirai : Mais, malheureux, tu en as eu plein le dos !

Une vieille dame entre d'un air effrayé ; elle tient un griffon en lesse et s'écrie :

— Messieurs, est-il vrai qu'il soit à Paris... a-t-il déjà fait beaucoup de ravages... est-il bien violent?

— Pardon, madame, mais de quoi parlez-vous, d'abord?

— Mais, du choléra, monsieur, on m'a assuré qu'il était à Paris, qu'il s'était montré dans le faubourg Saint-Antoine.

— En voilà la première nouvelle, madame.

— Vraiment, vous n'en avez pas entendu parler?

— Pas le moins du monde.

— Ce qui confirmait mes alarmes, c'est qu'en passant devant des pissotières, j'ai remarqué qu'on les avait nettoyées avec du chlore.

— Cela se fait souvent, c'est pour détruire la mauvaise odeur...

— Vous croyez que c'est dans ce seul but?... Il faut vous dire aussi que j'ai une de mes amies dont le mari vient de mourir bien subitement.

— Une apoplexie, peut-être.

— Oh! non monsieur, il n'était pas sanguin; mais il était rentré le soir avec un homard et un saucisson de Lyon... c'était son régal favori, il arrosait cela de bière. Il en a pas mal mangé; le lendemain matin, il était mort et de la couleur de son saucisson.

— Il avait eu une indigestion, madame.

— Mais, monsieur, il avait plusieurs fois mangé autant et n'en était pas mort.

— Ces choses-là n'arrivent jamais deux fois, madame

— J'ai aussi le petit de ma portière, un enfant qui était frais et rose... Depuis trois jours il a mal au ventre et ne quitte pas son vase nocturne...

— Chez les enfants c'est très-commun

— Enfin, je viens de rencontrer un monsieur qui a dîné chez moi il y a quinze jours, et se portait fort bien alors. Je l'ai trouvé jaune... les yeux rentrés... changé, au point que je n'ai pas pu m'empêcher de lui dire : Ah ! mon Dieu... quelle mine vous avez !... vous êtes donc malade ? Et il m'a répondu : Je n'en sais rien... j'ai un peu mal partout... Est-ce comme cela que ça prend, monsieur ?

— Non, madame, ce monsieur a probablement une courbature, et voilà tout.

— Oh ! c'est égal, je vous assure qu'il y a dans l'air quelque chose qui n'est pas naturel... Moi, monsieur, ce matin j'avais presque froid en me levant, et maintenant j'ai très-chaud !

— C'est que vous avez marché vite.

— Mais non, Zozor m'oblige à chaque instant de m'arrêter... ce pauvre bichon n'est pas non plus dans son assiette... Monsieur, vous allez me donner du camphre, je sais que c'est un préservatif contre les mauvaises émanations.

— Oui, madame, je vais vous en donner.

— J'en mettrai un morceau dans mon corset, cela [ne]
peut pas faire de mal.

— Au contraire, madame.

— Ensuite vous me donnerez du chlore... c'est [en]core un préservatif.

— Liquide ou solide, madame?

— Je ne comprends pas, monsieur.

— Madame, solide, c'est en poudre; liquide, c'est [en]
bouteille, une eau préparée.

— Ah! je ne connaissais pas le solide. Vous me do[n]nerez des deux, monsieur, je m'en servirai également
je me laverai avec l'un, et je porterai de l'autre. A[vez]-vous du vétyvert?

— Oui, madame.

— C'est encore un préservatif.

— Cela chasse les insectes, les vers.

— Oh! monsieur, cela garantit aussi du mauvais a[ir]
vous m'en donnerez un paquet... j'en porterai dans m[on]
corset.

— Très-bien, madame.

— Il y a encore la lavande qui a des propriétés [in]connues.

— Oui, madame, elle est aromatique.

— Vous m'en donnerez, j'en mettrai dans mes p[o]ches.. Que pourriez-vous me donner encore qui co[m]batte le mauvais air? Ah! du patchouli... avez-vous [du]
patchouli?

— Non, madame, vous aurez cela chez le parfumeur, mais le patchouli, qui sent assez bon, ne combat pas le mauvais air, et quelquefois peut attaquer votre système nerveux si vous en abusez.

— Ah! monsieur, je ne veux rien qui attaque mon système... la moindre chose m'agace les nerfs!

— Alors, madame, prenez plutôt de la valériane, c'est une racine avec laquelle on fait une infusion... comme du thé. Par exemple, je vous préviens que ce n'est pas agréable à boire, et que cela sent très-mauvais, mais c'est très-sain.

— Oh! donnez-m'en, monsieur, donnez-m'en bien vite, j'en boirai et j'en porterai sur moi...

On donne à cette dame tout ce qu'elle demande ; elle bourre ses poches et son corset avec du camphre, du vétyvert, du chlore, de la lavande, de la valériane, et emporte une bouteille d'eau chlorurée. Elle répand sur son passage un mélange d'odeurs dont la réunion n'a rien d'agréable.

— Si cette dame n'a pas ce soir la migraine, ce sera bien heureux! dit un des jeunes gens.

— Sans compter tous les chats qui vont courir et sauter après elle, attirés par l'odeur de la valériane, qui les rend presque fous. Si cette dame n'aime pas les chats, elle passera un bien vilain moment.

Un ouvrier maçon entre dans la boutique en présentant son bras gauche qui est blessé ; une pièce de bois est tombée presque sur lui, mais il en est quitte pour une entaille assez forte à l'avant-bras. On le panse, on bande sa blessure, on lui donne un flacon d'eau-de-vie camphrée, avec laquelle il imbibera son bandage, et quand il veut payer, on le renvoie en lui disant :

— Est-ce que nous faisons payer les pauvres blessés? Allez vous soigner, et si vous avez encore besoin de quelque chose, ne craignez pas de venir le demander, ça ne vous coûtera rien.

Convenez que lorsqu'on voit les pharmaciens se montrer si empressés à secourir les malheureux, on ne doit plus se permettre de les appeler *apothicaires*.

Plusieurs petites bonnes sont entrées dans la pharmacie, toutes parlent à la fois, et disent :

— Ah! renvoyez-moi tout de suite, je suis bien pressée!

— Monsieur, je tousse... donnez-moi de la pâte de guimauve! c'est très-bon, la pâte de guimauve... voilà un remède qui me plait.

— Monsieur, j'ai mal à la gorge...

— Gargarisez-vous avec de l'eau d'orge et du miel rosat...

— Monsieur, madame veut de la pommade pour ses lèvres... en use-t-elle de cette pommade... je n'en mets pas, moi, et j'ai la bouche plus fraîche qu'elle.

— Monsieur, je me suis fait une bosse à la tête... ça me fait très mal...

— Contre quoi vous êtes-vous cognée?
— Dame! c'est contre une porte... J'étais bien tranquille... on l'a ouverte brusquement... je ne m'y attendais pas...
— Vous écoutiez probablement?
— J'écoutais peut-être un peu, parce que le magnétiseur était venu.
— Qu'est-ce que c'est que le magnétiseur?
— C'est un monsieur qui apprend à madame à devenir somnambule lucide pour faire des expériences en société.
— Ah! votre maîtresse veut être somnambule?
— Oui, elle s'est fourré ça dans la tête; son mari a beau lui dire : « Tu te rendras malade! » Madame y tient. Et, quand le magnétiseur vient, on me renvoie.
— Et le mari?
— Monsieur? Oh! il est à son bureau; il part à neuf heures, rentre à cinq, c'est réglé. On peut s'arranger en conséquence.
— Je comprends. Où est votre bosse?
— Là, au front... tâtez...
— Ah! oui, je la sens.
— Monsieur m'a dit : il n'y a rien à faire, les bosses, ça n'est pas dangereux... Au fait, il doit s'y connaître...
— Buvez du vulnéraire, ce sera plus prudent.
— Donnez-m'en alors.

La porte se r'ouvre, une odeur très-forte se fait sentir : c'est la vieille dame aux préservatifs qui revient, en disant :

— Monsieur, j'ai oublié de prendre de l'eau de mélisse des Carmes... c'est indispensable lorsqu'on se sent indisposé... on peut aussi s'en frotter les tempes... c'est un préservatif... donnez-m'en un flacon, s'il vous plaît.

— Voilà, madame.

— C'est bien de la véritable ? n'est-ce pas, monsieur, vous ne voudriez pas me tromper ! des vrais Carmes, de la véritable rue Taranne ?

— Madame, je n'en connais pas deux à Paris.

— Merci, monsieur.

Cette dame s'en va avec son flacon qu'elle a mis dans sa poche. Mademoiselle Adrienne entre enfin dans la pharmacie, en s'écriant :

— Ah ! m'y voilà !... c'est bien heureux ! j'ai cru que je n'arriverais jamais...

— Est-ce qu'on est malade chez vous, mademoiselle Adrienne ?

— Eh ! mon Dieu, oui, c'est ma maîtresse qui a ses nerfs... sa crise... et tout le tremblement... Tenez, voilà l'ordonnance, faites-lui bien vite de sa potion... je me suis bien dépêchée pour venir... Tâchez que ce ne soit pas long...

— Asseyez-vous, on va vous la faire tout de suite.

— Ah ! vous êtes bien gentil ! car ma pauvre maitresse, ça me fait bien de la peine quand je la vois souffrir...

On est en train de préparer la potion pour madame Montémolly, lorsque la porte se r'ouvre encore, puis le mélange d'odeur envahit la pharmacie, et la dame, qui a peur du choléra, se montre de nouveau et va relancer le monsieur qui est au comptoir, en s'écriant :

— Ah! monsieur! vous ne pouvez pas vous figurer comme cela sent mauvais quand on remonte la rue Meslée!...

— J'en suis désolé, madame, mais que voulez-vous que j'y fasse?

— Il y a quelque chose dans l'air... oh! bien certainement l'air est mauvais dans ce moment!...

— C'est peut-être un orage qui se mitonne!...

— Oh! monsieur!... il se mitonne autre chose... Voulez-vous avoir la complaisance de me déboucher mon flacon d'eau de mélisse... si vous le permettez, je vais m'en frotter le nez et les tempes, alors je pourrai braver avec moins de frayeur les miasmes de la rue...

— Faites, madame, voilà votre flacon ouvert ; voulez-vous une petite tasse?

— Le coin de mon mouchoir suffira... je vais bien l'imbiber...

En effet, cette dame verse de l'eau de mélisse sur son mouchoir, puis elle s'en frotte les tempes, s'en lave le nez, introduit autant qu'elle le peut son mouchoir mouillé dans ses narines, se frotte aussi le front, verse de l'eau de mélisse dans le creux de sa main, puis la respire au point de se faire éternuer huit fois de suite. Enfin, cette cérémonie étant terminée, elle rebouche le flacon, le met dans sa poche et s'en va, en disant :

— Cette fois, je crois que je suis bien préservée du mauvais air !...

— Oh ! oui, madame, vous êtes préservée, s'écrie le pharmacien. J'aime à croire que nous le sommes maintenant de ses visites... Quelle pratique !...

— Mais c'est elle qui empoisonne, dit Adrienne ; que lui avez-vous donc donné, à cette dame ?

— Tout ce qu'elle a voulu !...

— Quelle est sa maladie ?

— Sa maladie, c'est la peur, et c'est le mal le plus commun et qui nous envoie le plus de monde. Cette dame a peur du choléra ; d'autres ont peur d'une maladie dont ils n'ont pas le plus petit symptôme... mais dont ils se croient menacés... la peur ne raisonne pas!... Vous ne sauriez croire combien elle nous envoie de clients !...

— Ah ! mon Dieu ! s'écrie un des élèves, la voilà qui revient encore !...

— Qui donc ?

— La dame aux préservatifs...

— Par exemple, cela devient trop fort... Qu'est-ce

qu'elle veut donc encore se laver ici... cela est inquiétant.

La dame qui sent si fort ouvre la porte et s'arrête sur le seuil, en disant :

— Pardon, messieurs, une question, s'il vous plaît... si je prenais du tabac?... cela doit aussi préserver, je pense?...

— Oui, madame, assurément, prenez du tabac... prenez-en beaucoup même... vous ne sentirez plus rien !...

— Veuillez m'en donner alors...

— Nous ne vendons pas de tabac, madame, ni à priser, ni à fumer ; mais à côté, sur le boulevard, vous trouverez cela tout de suite.

— Je cours en acheter. Je priserai d'abord, ensuite peut-être risquerai-je le petit cigare... les dames fument à présent, n'est-ce pas, monsieur?

— Oui, madame. Oh! les dames fument, elles font maintenant tout ce que font les hommes... ça ne les embellit pas, mais cela les amuse...

— Oh! moi, monsieur! ce n'est pas dans le dessein de m'embellir... c'est pour braver le mauvais air... Je vais acheter du tabac...

— Allez, madame, allez! dit le jeune pharmacien en refermant la porte sur cette dame... prisez, fumez, chiquez même, si cela vous fait plaisir ; mais de grâce, laissez-nous un peu en repos!... Tenez, mademoiselle Adrienne, voici la potion pour votre maîtresse...

— Merci, monsieur; je vais courir la lui porter... ça me fait tant de peine quand je la vois souffrir!... Bonsoir, messieurs...

La jeune femme de chambre est partie; elle arrive cette fois à sa demeure sans avoir fait d'autres rencontres. Elle dit, en passant, à la portière :

— Me voilà.... j'ai la potion... j'ai cru qu'on n'en finirait jamais pour me servir... il y avait foule chez le pharmacien...

— Eh ben, ce n'est plus la peine de vous presser...

— Pourquoi donc cela, madame Bedou?

— Parce que votre maîtresse est sortie en voiture avec son amie, il y a pas mal de temps...

— Madame est sortie!... là!... j'en étais sûre!... dératez-vous donc à courir pour faire vos commissions!... privez-vous de causer avec vos connaissances!... Ah! je m'en souviendrai de celle-là!...

## III

### UN JEUNE HOMME ENTRETENU.

Le jeune Casimir Dernold occupe un fort joli appartement de garçon, à un troisième étage, dans une belle maison de la rue de Paradis-Poissonnière. Il a une antichambre, un petit salon et une chambre à coucher. Tout cela est frais, bien décoré; les meubles, sans être d'une extrême élégance, sont de bon goût et encore à la mode. Enfin tout annonce que celui qui occupe ce petit appartement ne doit pas être, comme on dit très-vulgairement, un pané.

Et cependant celui qui habite là, garçon de vingt-six ans, ayant une jolie figure, bien bâti, dont la tournure est élégante et la mise toujours soignée, se promène en ce moment dans son petit salon d'un air de fort mauvaise humeur, frappant quelquefois sur ses meubles avec une badine, ou froissant ses gants avec colère, et parlant tout haut, ce qui arrive souvent aux personnes fortement excitées par un sentiment quelconque; car il semble que cela soulage de dire ce que l'on a sur le cœur, lors même qu'on n'a que soi pour s'entendre.

— Non! non!... cela ne peut durer ainsi... il faut en finir! s'écrie le jeune homme, qui vient de frapper un fauteuil avec sa badine et en a fait sortir un nuage de poussière, ce qui l'arrête dans son exclamation et lui fait dire : Si c'est comme cela que mon portier bat mes meubles, il ne doit pas se fatiguer beaucoup... C'est égal, je suis las d'être l'esclave d'Ambroisine, car je suis absolument son esclave!... Je ne puis faire un pas, aller quelque part, sans qu'elle le sache... Je suis sûr qu'elle me fait épier; c'est par amour, dit-elle; elle m'aime, oui, je le veux bien, je dois le croire même... car je lui coûte assez cher... Tout ce que je désire, elle me l'achète; elle paie mon tailleur, mon bottier, tous mes fournisseurs... Comment les paierais-je, moi, qui ne fais rien, qui ne gagne rien, qui ne suis bon à rien? Oh! mais, si je ne fais rien, c'est sa faute!... Toutes les fois que j'ai voulu chercher un emploi, elle s'y est opposée. Quand je veux me remettre à la peinture... car je commençais à aller assez bien dans le paysage. J'avais aussi réussi à faire quelques portraits ; je m'étais essayé sur des amis... J'aurais dû continuer, mais

Ambroisine trouve moyen de m'empêcher de travailler, en m'emmenant à la campagne ou au bois, en m'obligeant sans cesse à l'accompagner, à la promener, à la conduire à quelque fête... Enfin elle imagine toujours quelque chose, tout cela pour m'accaparer, pour me tenir sous sa dépendance. Elle serait désolée si je gagnais de l'argent, parce qu'alors je pourrais me passer d'elle, ne plus être à ses crochets!... Et moi lâche... paresseux... gourmand... aimant les plaisirs, la bonne chère, je me suis laissé entortiller par cette femme... que j'ai aimée un peu... dans les commencements, et puis dont je n'ai pas eu la force de refuser les services. Et une fois sur cette pente... il est bien difficile de s'arrêter, surtout quand on est, comme je le disais, flâneur, gourmand, et aimant ses aises. Ah! les jeunes gens devraient faire bien attention aux liaisons qu'ils forment... elles influent sur tout le reste de leur existence. Ayez deux, trois, douze maîtresses, si votre capacité vous le permet, mais ne vous attachez à aucune... car c'est celle-là qui vous fera faire des sottises et perdre votre avenir. Ceux qu'on appelle mauvais sujets sont donc les plus raisonnables; ils ne se laissent pas mettre dans du coton... mais au moins ils conservent leur libre arbitre. Non... non... voilà deux ans que je suis le sigisbé de madame Montémolly, sapristi... j'en ai assez!

M. Casimir donne un nouveau coup de houssine sur un de ses fauteuils; il en sort tellement de poussière, qu'il en est aveuglé et se réfugie à un autre bout de la chambre en murmurant :

— Gredin de portier... est-il possible d'avoir si peu de soin de mes meubles... Et il prétend qu'il passe une demi-journée à faire mon appartement... Ah ! si Ambroisine savait que je donne des leçons de dessin à une demoiselle de la maison, serait-elle furieuse !... C'est cependant bien innocent. Mademoiselle Angeline Proh est une jeune fille ni laide ni belle, plutôt bête que spirituelle ; mais je crois que cela tient de famille. Elle demeure avec son père, sa mère et son petit frère, sur le carré en face de moi. Cette famille Proh est d'une extrême politesse ; la mère, qui est encore coquette, me disait sans cesse :

— Vous peignez, monsieur, ah ! je serais bien aise d'avoir mon portrait, et si vous n'êtes pas trop cher, je vous prierai de me le faire... mais à l'huile, avec des couleurs, car je déteste la photographie, je trouve que cela enlaidit considérablement.

— Madame, désolé, mais je ne me crois pas encore assez fort pour faire un portrait d'après nature.

— Oh ! vous êtes peut-être trop modeste ! Il faudra essayer, monsieur ; nous sommes voisins, je ne poserai que quand vous aurez du temps à vous...

« Du temps à moi ! j'en ai toujours... lorsqu'Ambroisine veut bien le permettre, cependant !... Puis le papa Proh, qui est, je crois, un ancien professeur de grec et de latin, m'a proposé de donner quelques leçons de dessin à sa fille et à son fils quand il serait sage. Ma foi, j'ai accepté... Vingt-cinq francs par mois, ce n'est pas grand'chose, mais je ne saurais dire avec quel sentiment de joie, de bonheur, j'ai touché cet argent, que j'avais gagné par mon travail... Je me suis senti tout fier... Ah! ces vingt-cinq francs m'ont fait cent fois plus de plaisir qu'un rouleau d'or qu'Ambroisine met dans ma poche... d'autant plus qu'ensuite il faut que je lui rende un compte exact de l'emploi que j'ai fait de cet or...

« Aujourd'hui je devais aller la prendre à huit heures pour la conduire à un café-concert... Elle aurait choisi celui qui l'aurait tentée. Mais, ma foi, comme cela ne me tentait pas du tout, et que depuis longtemps je grille d'envie d'aller à Mabille voir les dames qui dansent avec tant de *chic*... je lui ai écrit que mon ami Miflaud avait une affaire d'honneur pour demain matin, qu'il comptait sur moi pour être son témoin, et qu'il fallait absolument que j'allasse le voir ce soir pour m'entendre avec lui et son autre témoin, sur les conditions du duel et sur le motif de la querelle. Donnera-t-elle dans cette bourde?... hum! ce n'est pas bien sûr; l'important est que Miflaud, qui doit venir avec moi à Mabille, ne me fasse pas attendre longtemps. Une fois parti, tant pis! si Ambroisine envoie ici, on ne me trouvera pas.

« Voyons l'heure, déjà huit heures... cet imbécile de

Miflaud devait être ici à sept heures et demie. Heureusement j'ai envoyé ma lettre à Ambroisine assez tard, elle n'a dû la recevoir qu'à huit heures... Il faut que je m'attende à une scène demain. Mais quand elle voit que je me fâche tout de bon, oh! alors, elle s'apaise bien vite... elle n'est pas méchante au fond, mais trop jalouse! infiniment trop jalouse!... une véritable Andalouse... Grâce au ciel, elle ne porte point un stylet à sa jarretière. Ah! on sonne, c'est Miflaud, enfin... »

Casimir court ouvrir sa porte, mais au lieu du jeune homme qu'il attendait, il se trouve avoir devant lui un petit garçon de six ans, qui lui dit :

— Monsieur Casimir, je viens de la part de maman voir si vous y êtes?

— Tu le vois bien que j'y suis, petit Alphonse, et que me veut ta maman, madame Proh?

— La couturière vient de lui apporter une robe neuve bien belle, à raies rouges et vertes. Maman l'a mise; elle voudrait que vous la vissiez dans cette robe-là, pour lui dire si vous voulez la peindre avec...

— Mais, jeune moutard, je ne suis pas prêt à faire le portrait de ta maman... j'aurai tout le temps de voir sa robe.

— Si, si, elle m'a dit : Tu prieras notre voisin d'entrer une minute... je veux qu'il me voie avec cette toilette...

— C'est que j'attends quelqu'un chez moi. Ah! je

puis laisser ma porte ouverte. Marchez, jeune Phonphonse! Est-ce que monsieur votre père n'y est pas?

— Non, il vient de s'en aller en disant à maman qu'avec sa robe à raies elle ressemblait à la giraffe.

— Ah! fichtre, mais cela n'a pas dû faire plaisir à madame Proh.

— Aussi elle a répondu à papa : Toi, tu n'as pas besoin d'être habillé pour ressembler à un mandril!... Monsieur Casimir, qu'est-ce que c'est donc qu'un mandril, à qui papa ressemble?

— Mon cher ami, c'est... mon Dieu... un mandril, c'est un homme des bois... un fort bel homme des bois, enfin c'est un quadrumane.

— Et qu'est-ce que c'est qu'un quadrumane?

— C'est un homme qui se sert de ses pieds comme de ses mains.

L'apparition de madame Proh met fin aux questions de son fils. Cette dame est venue jusqu'à sa porte audevant de son voisin. Céleste Proh est une femme de quarante-sept ans, blonde, fadasse, avec des yeux bleus faïence, et pas le moindre sourcil par-dessus ; elle est obligée de s'en faire avec un pinceau, qu'elle trempe dans une composition dont la couleur n'est pas toujours celle qu'on espérait, ce qui fait que cette dame a audessus de ses yeux un arc, tantôt noir, tantôt marron et tantôt rouge ; mais elle trouve que cela donne plus de piquant à sa physionomie ; se croit excessivement jolie et l'air plus jeune que sa fille, qui a seize ans. Elle répète fort souvent dans la conversation, qu'elle ne comprend pas son mari, qui n'a jamais tenu à posséder le portrait de sa femme, dont il aurait dû orner toutes les pièces de son appartement.

Madame Proh a en effet une robe toute neuve à larges raies d'un rouge vif et d'un vert clair, ce qui lui donne presque l'air d'un bosquet et tire l'œil à quinze pas. Elle s'avance en souriant vers son voisin.

— Mille pardons, monsieur Casimir, j'ai été indiscrète, je vous ai envoyé Phonphonse; c'est que je voulais avoir votre opinion sur cette robe... comment la trouvez-vous?

— Je la trouve fort belle, elle est originale et fait surtout beaucoup d'effet... enfin elle se voit de loin.

— J'aime cela... j'aime ce qui attire les regards... Trouvez-vous qu'elle m'aille bien?

— Comme un ange!... elle vous pince parfaitement.

— J'aime beaucoup à être pincée... Du reste, je ne suis nullement gênée dans mes mouvements. Alors vous me peindrez avec cette robe-là, n'est-ce pas?

— Vous tenez donc toujours à ce que je fasse votre portrait, madame.

— Mais assurément.

— Je vous ai dit que je ne me croyais pas de force à faire le portrait d'après nature.

— Vous avez fait la chatte du portier... je l'ai vue, en bas dans sa loge.

— C'était un essai... pour m'amuser.

— Eh bien, vous me ferez aussi pour vous amuser... Vous êtes trop modeste, monsieur Casimir, vous vous défiez trop de votre talent; la chatte du portier est parlante, et cependant elle n'a pas dû poser longtemps?

— Elle n'a même pas posé du tout, je l'ai faite de mémoire.

— Moi, je poserai tant que vous voudrez... M. Proh voulait me faire photographier, mais je n'ai pas voulu; j'exècre la photographie, cela enlaidit, cela vieillit... mais ce n'est pas cher, voilà pourquoi tout le monde en use! Parlez-moi de la peinture!... c'est cela qui a de la vie, de l'expression, de la couleur...

— Je suis entièrement de votre avis, madame.

— Entrez donc vous reposer un peu...

— Merci, mais j'attends quelqu'un chez moi, et il faut que je rentre.

— Ainsi cette robe vous plaît, vous pourrez me peindre avec?

— Je vous peindrai sous le costume qui vous fera le plus de plaisir, en Diane chasseresse, si cela vous tente.

— Tiens! c'est une idée, cela... Diane chasseresse... oh! que ce serait distingué...

— Bonsoir, madame, votre serviteur.

— Mon voisin, où trouverai-je le costume de cette déesse de la chasse?

Mais Casimir ne répond plus à sa voisine, car il a déjà refermé sa porte, en se disant :

« Cette madame Proh est assommante! Si je ne tenais pas à donner des leçons à ses enfants, je l'aurais déjà envoyée au diable avec son portrait!... Voyez donc si ce M. flaud viendra... bientôt huit heures et demie, j'ai envie de partir sans lui. Mais aller seul à Mabille, ce n'est pas amusant! »

Cinq minutes s'écoulent encore, enfin la sonnette est tirée avec violence ; le jeune homme court ouvrir, et c'est madame Montémolly qui entre chez lui d'un air déterminé, furibond, toute essoufflée et en nage, parce qu'elle a monté très-vite. Vous savez déjà par mademoiselle Adrienne que sa maîtresse, qui se donne trente-quatre ans, doit en avoir trente-huit à peu près. Nous ajouterons à ce portrait que c'est une grande et belle femme qui a de la grâce, de la tournure, et porte bien ses toilettes. C'est une brune, dont les grands yeux ne sont pas toujours doux, et dont la bouche, un peu rentrée, est souvent dédaigneuse et fière ; mais lorsqu'elle veut bien être aimable, c'est une jolie femme, un véritable type andaloux ; il ne lui manque, pour être une parfaite Espagnole, que le peigne bien haut sous le voile noir et des castagnettes dans les mains.

Cette dame entre sans s'arrêter, sans même dire un

mot à celui qui lui ouvre; elle traverse sur-le-champ la pièce d'entrée, le salon, va visiter la chambre à coucher, regarde partout s'il n'y a personne de caché, et c'est seulement lorsqu'elle a terminé cette inspection, qu'elle revient se jeter sur une causeuse dans le salon en s'écriant :

— Ah! ce n'est pas moi que vous attendiez... n'est-ce pas?

— Assurément! répond Casimir en s'asseyant de l'air d'une personne qui vient de recevoir une tuile sur la tête, et c'est bien un hasard que vous m'ayez encore trouvé ici... Je serais déjà parti pour aller chez Miflaud, s'il ne m'avait pas écrit de nouveau pour m'annoncer qu'il viendrait lui-même... qu'il aimait mieux cela, parce que, chez lui, comme il loge avec sa mère, il craindrait qu'elle devinât qu'il a un duel, et alors...

— Monsieur Casimir, est-ce que cela va durer longtemps, ces blagues-là? Est-ce que vous croyez que je donne dans toutes les histoires que vous me débitez, et assez mal même...

— Mais, madame, il n'y a pas la moindre blague là-dedans... Que voyez-vous d'étonnant à ce qu'un de mes amis ait une affaire d'honneur? cela arrive tous les jours... Il me prie d'être son témoin, cela ne se refuse pas...

— D'abord il y avait fort longtemps que vous ne

m'aviez parlé de votre ami Miflaud ; il me semble que vous aviez cessé de le voir...

— Cessé... parce que, étant sans cesse avec vous, je ne puis pas aller avec lui, mais nous n'étions pas brouillés.

— Monsieur devait passer la soirée avec moi...

— Ça n'a rien de remarquable, je les passe toutes!

— Et avec qui donc voudriez-vous aller? Monsieur m'écrit : Ne m'attendez pas ce soir... comme c'est aimable!...

— Puisque c'était pour obliger Miflaud... Mais tant pis... je ne veux plus l'attendre. Venez, allons nous promener.

— Ah! vous êtes pressé de partir à présent... vous avez peur qu'on ne vienne. Ceci cache une perfidie... ce n'est pas Miflaud que vous attendez!

— Si, c'est lui. Mais puisque vous avez pris la peine de venir, qu'il aille au diable. Voyons, Ambroisine, je suis à vos ordres. J'espère que c'est gentil, ça?... Descendons...

— Oh! vous êtes trop pressé de sortir... ce n'est pas naturel, vous me trahissez!

Casimir se lève avec colère et marche dans la chambre en disant :

— C'est trop fort!... au diable les femmes avec leur infernal caractère... On veut aller sans elles, elles crient; on veut bien rester avec elles, elles crient encore.

Enfin, n'importe ce qu'on fasse, elles crient toujours... ah! j'en ai assez de ces scènes-là!... Adieu, madame, faites ce que vous voudrez, je m'en vais, moi!

Et déjà le jeune homme a fait quelques pas vers la porte; mais Ambroisine s'est élancée avec la rapidité d'une biche, elle le retient, l'enlace dans ses bras, le regarde amoureusement, et lui dit avec tendresse cette fois:

— Où vas-tu, ingrat? tu veux m'abandonner... mais tu sais bien que je ne puis pas vivre sans toi... que tu es mon bonheur, mon âme, ma vie!... Tu me fais un crime d'être venue? n'était-il pas bien naturel que je voulusse m'assurer si tu ne recevais pas ici une autre femme, ou si tu n'allais pas la retrouver quelque part...

— Vous voyez bien que je ne cache pas de femme ici... ça me serait difficile! vous avez visité partout.

— Non, mais tu en attends une peut-être!

— Encore! ah! que vous êtes terrible!

— Non, non! j'ai tort, mon ami, je suis injuste, je ne le serai plus...

— Eh bien, à la bonne heure; allons nous promener.

Casimir est pressé de s'en aller, parce qu'il craint maintenant que l'arrivée de son ami Miflaud ne fasse connaître ses mensonges. Mais tout en promettant de ne plus être jalouse, Ambroisine, qui a toujours des doutes, des soupçons, trouve des moyens pour ne point partir si vite : c'est son chapeau qui n'est pas bien posé,

4

puis ce sont ses cheveux dont le chignon n'est pas so[lide], il faut qu'elle rajuste tout cela ; son amant est s[ur] les épines ; il a mis son chapeau, il tient sa canne à [la] main, et sa maîtresse a toujours des épingles à remett[re] quelque part. Enfin ce qu'il redoutait arrive : on son[ne] à sa porte.

Il ne fait qu'un bond du salon à sa porte d'entr[ée] afin de tâcher de prévenir son ami ; mais si prompt qu[il] ait été, Ambroisine y arrive en même temps que lu[i], après avoir jeté au vent les épingles qu'elle tenait.

C'est bien Miflaud, jeune courtier de commerce, [de] l'âge de Casimir, qui n'est pas beau, mais qui a u[ne] figure assez originale, qui aime beaucoup les grisett[es], la danse, le vin blanc et les crevettes ; qui n'est p[as] bien favorisé du côté de l'esprit, mais est toujours d[is]posé à s'amuser, à rire, enfin à faire des farces, pour[vu] qu'il ne soit pas chargé de les inventer.

— Bonsoir, Miflaud, tu viens pour ton duel... car [tu] te bats demain, et je dois te servir de témoin. Mais j'e[n] suis fâché, mon ami, cherches-en un autre... Moi, j'[ai] affaire demain, tu comprends ?...

Tout cela a été dit par Casimir, d'un seul jet ; il n'[a] pas repris sa respiration. Un autre que Miflaud, un d[e] ces farceurs comme il y en a tant, aurait compris [la] situation, surtout en voyant les gros yeux et les sign[es] que son ami tâchait de lui faire ; mais Miflaud n'ét[ait] pas malin, et pendant que madame Montémolly l[ui] regarde avec anxiété, il prend un air tout étonné en répondant :

— Moi! je me bats demain en duel... Ah! par exemple, elle est bonne, celle-là... Je n'y comprends rien, c'est une farce!

— Voyons, Miflaud, ce n'est plus la peine de le cacher... madame sait tout, je lui ai tout conté; on n'en dira rien à ta mère. Bonsoir... nous allons sortir...

— Mais pourtant, je voudrais bien savoir ce que tu veux dire avec ton duel...

— Monsieur a pourtant fait tout son possible pour que vous le compreniez! dit Ambroisine, en lançant sur Casimir un regard foudroyant; il a tout de suite voulu vous mettre au fait, pour que vous ne démentiez pas les mensonges qu'il m'a contés... mais il a pris une peine inutile; on ne m'attrape pas si facilement! Allons, monsieur Miflaud, ne vous cassez pas la tête, ne vous tourmentez pas pour chercher à deviner ce que signifient les signes que votre ami vous fait... Vous n'avez pas le moindre duel, vous ne vous battez pas demain, et j'en suis charmée pour vous.

— Vous êtes bien bonne, madame; il est certain que je n'ai pas du tout l'intention de me battre demain, ni même après-demain...

— Et vous veniez chercher monsieur pour aller avec lui... à quelque bastringue, sans doute?

— Ah! madame... par exemple... un bastringue!...

je venais... nous devions aller... Casimir, dis-moi donc où nous devions aller...

Casimir hausse les épaules, et se jette sur une chaise en s'écriant :

— Oh! ne te gêne pas... puisqu'avec madame il n'y a pas moyen de faire un pas, de prendre un plaisir sans sa permission... Eh bien, oui, nous allions, ou du moins nous devions aller à Mabille passer une heure. Ce n'est pas un crime! mais vous êtes si ridicule, si jalouse, que vous voyez du mal dans tout! et vous me forcez à mentir pour éviter vos scènes de jalousie, mais avec vous on ne les évite jamais !

— A Mabille, vous vouliez aller à Mabille... quelle horreur! un séjour de perdition! On sait bien ce que les hommes vont chercher là!...

— Mais, madame, vous vous trompez, dit Miflaut, Mabille est un jardin fréquenté par le beau monde, par les étrangers les plus distingués, par de très-jolies femmes...

— Par des cocottes! dites donc le mot tout de suite.

— Mais il n'y a pas que des cocottes... et au moins celles qui vont là sont mises à la dernière mode, et il y en a qui dansent avec une grâce... une désinvolture... Je vous assure que c'est très-curieux à voir.

— Oh! je me doute bien que c'est pour voir cela que vous y allez...

— Mais comme il paraît que Casimir est maintenant

en affaire avec vous, madame, je pense que nous n'irons pas, et je vais...

— Si! si! nous allons y aller, je veux y aller! s'écrie Casimir en se levant vivement. Il ne sera pas dit que je ne pourrai jamais faire ce qui me plaît... Viens, Miflaud, nous allons prendre une voiture.

— Ah! vous voulez absolument aller à Mabille, dit madame Montémolly en courant reprendre son châle; eh bien, messieurs, j'y vais avec vous... Je pense que monsieur Miflaud ne refusera pas de me donner son bras...

— Non, madame, trop heureux d'être votre cavalier.

— Ah! mes gants que j'oubliais...

Pendant qu'Ambroisine retourne au fond chercher ses gants, Miflaud dit tout bas à Casimir :

— Ce ne sera pas aussi amusant avec elle...

— C'est ta faute, imbécile, répond Casimir, si tu avais compris mes signes, elle aurait cru au duel et m'aurait laissé sortir avec toi.

— Ah! dame... je ne suis pas fort sur la pantomime, moi...

Ambroisine revient en tenant ses gants et part avec les deux jeunes gens. Casimir fait ce qu'il peut pour cacher sa mauvaise humeur ; sa maîtresse le regarde d'un air moitié ironique et moitié menaçant.

4.

## IV

UN DÉJEUNER INTIME.

Le lendemain, sur les midi, Casimir est chez sa maîtresse, assis devant une table, sur laquelle un déjeuner fin est servi, en face de madame Montémolly, avec laquelle il s'est raccommodé, ou rapatrié, à la suite de la soirée au bal Mabille, qui s'est passée sans nouvelle scène. Miflaud s'étant livré à sa passion pour la danse, a dû quitter le bras d'Ambroisine, qui, naturellement, a pris celui de Casimir; mais ce dernier, n'ayant pas le moindre penchant pour le cancan, même le plus bourgeois, s'est contenté de regarder Miflaud faire des prodiges de souplesse et d'audace, en exécutant la *tulipe orageuse* et autres danses en vogue dans les quadrilles excentriques; puis, attendri enfin par les soupirs que pousse Ambroisine tout en lui serrant le bras; par les regards brûlants, qui ont succédé à ceux qu'elle lui lançait d'abord; par ces mots : « Tu ne m'aimes donc plus? » qui sont prononcés d'une voix presque suppliante, il répond doucement à la pression de son bras, il la regarde en souriant, et la paix est faite. Ce n'est peut-être pas une paix bien solide, bien durable, mais enfin c'est une réconciliation.

Madame Montémolly a revêtu un charmant déshabillé du matin, qui fait valoir ses contours bien accusés; elle est coiffée rien qu'avec ses cheveux, mais qui sont très-beaux, très-noirs, et qu'elle sait elle-même arranger de façon à ce qu'ils s'harmonisent avec sa physionomie, talent que n'ont pas toujours les artistes en cheveux, qui vous coiffent à leur idée, sans s'inquiéter si cela convient à votre figure. Ambroisine est encore une femme très-séduisante et dont beaucoup d'hommes seraient heureux de faire la conquête; mais en ce moment c'est elle qui semble chercher à plaire à son amant, à l'enlacer dans de nouvelles chaînes, enfin à le captiver encore plus. Les rôles sont intervertis : c'est madame qui est aux petits soins, qui fait sa cour; c'est monsieur qui se la laisse faire, qui veut bien se laisser aimer.

— Mon ami, prenez donc de cette terrine de foie gras... dit Ambroisine tout en servant Casimir. Est-ce que vous ne la trouvez pas bonne?

— Délicieuse, parfaite! mais j'en ai déjà pris.

— Qu'est-ce que cela fait... est-ce que vous n'ave[z] plus d'appétit?

— J'en ai un énorme, au contraire, et il me sembl[e] que cela se voit ; je fais honneur à votre déjeuner.

— Comment trouvez-vous ce chambertin ?

— Excellent... je suis tenté de chanter le morceau d[u] *Nouveau seigneur de village* : *C'est un vin des plus e*[x]*cellents !... il a dix ans ! il en a douze !...*

— J'ai là du madère, retour de l'Inde, que m[on] marchand de vin m'a recommandé; vous allez me di[re] ce que vous en pensez.

— Je suis persuadé d'avance que j'en penserai bea[u]coup de bien... vous avez toujours des vins délicieux.

— Oui, je suis assez contente de mon fournisseur. Prenez donc du homard en mayonnaise...

— C'est ce que je fais.

— Des olives... du thon.

— Tout à l'heure, tout à l'heure... nous avons l[e] temps... vous n'avez pas à sortir ce matin ?

— Moi ? par exemple ! Et où pourrais-je aller quan[d] je suis avec vous... quand je vous possède là, près [de] moi, chez moi... Ah ! je suis si heureuse alors, je vo[u]drais rester toujours ainsi...

— Goûtons un peu ce fameux madère, retour d[e] l'Inde... Hum! belle couleur... et comme c'est *nif*...

— Qu'entendez-vous par *nif*, mon ami ?

— C'est un mot de paysan qui signifie clair, pu[r]

Hum! joli bouquet... cela ne sent pas l'eau-de-vie comme tous les faux madère... A votre santé, chère amie...

— A la vôtre, mauvais sujet, et surtout ne me faites plus de mensonges comme hier.

— Ah! est-ce que vous allez revenir là-dessus? Après tout, le crime n'était pas grand... Tout le monde va à Mabille, on peut y être fort sage.

— Oui, mais il ne faut pas danser comme votre ami Miflaud; il est disloqué, ce garçon-là!

— Que voulez-vous? il aspire à une réputation dans le genre de celle du fameux Chicard!

— Heureusement vous n'aimez pas la danse, vous.

— Si je l'aimais, je vous prie de croire que ce ne serait pas une raison pour que je me livrasse à un cancan si échevelé...

— Mon ami, voilà du saumon grillé qui sera fort bon avec cette sauce genevoise.

— Diable, encore du saumon... j'ai déjà beaucoup mangé. Enfin tant pis, je me dévoue...

— Vous ne buvez pas!

— Je ne fais que ça...

— Nous avons là du champagne rosey, vous l'aimez, je crois?

— Mon Dieu! j'aime tous les vins quand ils sont bons... c'est comme les femmes.

— Comment, monsieur, vous aimez toutes les femmes?...

— Permettez, c'est quand elles sont bonnes... et je vous assure que ça ne m'engage pas beaucoup.

— Ah! vilain... vous trouvez les femmes méchantes?

— Oui, en général, mais il y a des exceptions.

— C'est bien heureux! et suis-je une exception, moi?

— Mon Dieu! vous abusez de ma situation... vous me faites boire une grande diversité de vins... et puis vous me faites des questions insidieuses...

— Voyons, monsieur, répondez : suis-je bonne?

— Ah! ah! ah!

— Il ne s'agit pas de rire! je veux que vous me disiez si je suis bonne.

— Rien qu'à la manière dont vous me demandez cela, on pourrait tout de suite penser le contraire! Mais non, non, rassurez-vous... vous êtes bonne, vous êtes un mouton, un agneau... vous ne vous mettez jamais en colère...

— Mon ami, je crois que vous vous moquez de moi?

— Non, oh! franchement je vous crois bonne, quand vous n'êtes pas sous l'empire d'une jalousie qui vous gâte parfois le caractère.

Est-ce ma faute? je ne serais pas si jalouse si je vous aimais moins...

— Oui, ça se dit toujours... mais je ne doute pas de vos sentiments. Vous m'avez assez donné de preuves d'affection, vous m'en donnez trop même... et comment pourrai-je jamais m'acquitter...

— Taisez-vous! vous allez dire des bêtises maintenant... buvez, cela vaudra mieux. Le champagne vous attend. Allons, monsieur, faites-moi raison... c'est mon vin favori, à moi...

— A votre santé, chère Ambroisine; oui, je bois, mais cela ne m'empêchera pas de vous dire qu'au fond du cœur je ne suis pas content de moi... Je ne fais rien, je ne manque de rien... vous volez au-devant de mes désirs, vous payez tous mes fournisseurs; c'est odieux... ça ne peut pas durer ainsi!

— En vérité, Casimir, je ne sais pas ce que vous avez aujourd'hui, mais vous me faites beaucoup de peine... Comment, mon ami, entre deux personnes qui s'aiment bien, est-ce que tout ne doit pas être commun, le plaisir comme le chagrin, la misère comme la richesse?... Si je n'avais pas un sou, moi, si je manquais de tout, croyez-vous donc que je rougirais de tout vous devoir, de partager votre fortune, de vivre de vos bienfaits?...

— Oh! une femme, c'est bien différent! une femme, c'est son rôle, son lot; elle est née pour être protégée, secourue, entretenue par l'homme... Vous êtes faites d'une de nos côtes, donc vous êtes une partie de nous-mêmes... Mais l'homme est né pour travailler, pour gagner de l'argent... ou pour en perdre quand il ne réussit pas dans ses entreprises. Et quand il passe son temps à flâner, à ne rien faire... que s'amuser aux dépens de la femme, c'est le monde renversé !

— Ah ! que vous êtes cruel. Et tous ceux qui sont nés avec de la fortune, avec des terres, des châteaux... est-ce qu'ils ont besoin de travailler ?

— Non, mais ils n'ont pas besoin de faire payer leurs fournisseurs par la dame qu'ils courtisent.

— Mais, mon ami, tous les jours un homme qui n'a rien épouse une femme qui lui apporte une dot considérable... Cette dot, il ne rougit point de l'accepter... Vous voyez bien que c'est à sa femme qu'il devra son bien-être, sa fortune, que souvent il s'empressera de dissiper avec des maîtresses... Pourquoi donc vous trouvez-vous blâmable, vous, tandis que cet homme sera fort bien vu dans le monde...

— Oh ! ma chère amie, il y a ici une grande différence : cet homme est devenu le mari de la dame riche, elle l'a jugé digne de se lier avec lui par des liens indissolubles... enfin elle porte son nom. Le mari devient le maître de la maison, c'est bien différent !... Alors il peut agir, commander et disposer d'une fortune qui est devenue la sienne...

La belle Montémolly ne répond rien ; elle a écouté avec attention les dernières paroles de son amant, et son front s'est rembruni, tandis que Casimir se verse un verre de champagne, qu'il boit ensuite à petits coups, trouvant que cela est infiniment plus agréable que de l'ingurgiter, et nous sommes parfaitement de son avis ; nous ne voyons pas quel avantage il peut y avoir à faire de sa bouche un jeu de tonneau.

Cependant, étonné du silence que garde sa maîtresse et de l'air soucieux qui a remplacé le plaisir qui animait ses yeux, après avoir achevé de boire son champagne, Casimir lui dit :

— Ma bonne amie, qu'avez-vous donc? vous voilà avec un air tout triste, vous trouveriez-vous indisposée?

— Non, mon ami, non, ce n'est pas cela...

— Alors il y a donc autre chose?... tout à l'heure vous me paraissiez si gaie...

— Ah! Casimir!... c'est ce que vous venez de dire qui a gâté mon bonheur...

— Qu'est-ce que j'ai donc dit pour cela?

— Rien que des choses fort justes... mais je vous ai très-bien compris, mon ami, et ce que vous avez voulu me faire entendre est d'ailleurs tout naturel.

— Qu'est ce que j'ai voulu vous faire entendre? Je vous assure que je n'y suis pas du tout!

— Vous faites semblant de ne point me comprendre ! En me parlant des femmes qui enrichissent un homme en l'épousant, vous avez voulu me dire : Pourquoi n'en faites-vous pas autant, si vous tenez à me voir jouir sans remords de votre fortune?...

— Moi?.. je n'ai jamais eu cette pensée-là..

je vous jure bien que vous vous trompez... J'ai dit cela, mais sans y mettre l'intention que vous me supposez.

— Eh! mon ami, quand vous l'auriez eue, où serait le mal? Croyez-vous donc que depuis longtemps je ne me suis pas dit : Ah! que je serais heureuse d'être sa femme... que je serais fière de porter son nom!... Et si cela était possible, ne vous aurais-je pas déjà supplié de vous engager avec moi par des nœuds indissolubles!... Si je ne l'ai pas fait, hélas! c'est que cela est impossible. Tenez, mon ami, je ne veux plus avoir de secrets pour vous... Je vous ai dit que j'étais veuve, cela n'est pas, je suis mariée... tout ce qu'il y a de plus mariée, et mon mari existe toujours!

— Ah! bah! il serait possible!... Tiens! tiens! je vais reboire du champagne, alors... Ah! ce cher monsieur Montémolly est vivant?...

— Mon ami, ce nom n'est pas celui de mon mari, mais en me séparant d'avec un homme que je n'avais jamais aimé, avec lequel il m'était impossible de vivre, je me suis empressée de quitter son nom, pour tâcher d'oublier que j'étais encore sa femme.

— Vous en aviez le droit... Et que fait-il, ce monsieur? Oh! si cela vous contrarie d'en parler davantage, restons-en là. Je vous en prie, ne vous gênez pas, restons-en là!

— Non, mon ami, puisque j'ai commencé, je suis

bien aise maintenant de vous conter comment ce mariage s'est fait, et pourquoi il s'est rompu.

— Parlez... votre champagne est délicieux... je suis tout oreille.

— Je vais vous avouer des choses... que je n'ai dites à personne ! mais je ne veux plus avoir aucun secret pour vous.

— Ne me dites que ce qu'il vous plaît que je sache ; je ne vous demande rien, moi !

— C'est justement pour cela que je veux tout vous dire, mon ami. A dix-huit ans, j'étais fort jolie !

— Je le crois pardieu bien ! vous l'êtes encore, vous le serez toujours...

— Taisez-vous ! Je n'avais plus pour parents qu'une tante fort peu aimable, qui me grondait sans cesse, mais me surveillait assez mal. Un jeune homme me vit à ma fenêtre, il devint amoureux de moi... Il gagna ma femme de chambre, qui l'introduisait chez nous lorsque ma tante sortait. Ce jeune homme était fort joli garçon... bref...

— Très-bien, le reste se devine, passons les détails !

— Mais ce jeune homme était militaire, il dut partir, rejoindre l'armée... On était alors en guerre. Lorsqu'il partit, ma faute avait eu des suites...

— Diable ! diable ! cela se complique.

— J'écrivis ma situation à mon amant ; il me répondit qu'à son retour il s'empresserait de réparer sa faute,

en m'épousant. Mais, hélas! il ne devait pas revenir! [il]
fut tué à la première affaire...

— Pauvre garçon!... vous voilà bien embarrassée,
et la tante?

— Il m'était impossible de lui cacher ma position; elle
cria beaucoup. Mais comme la fortune que je possédais
me venait de ma mère, comme j'étais plus riche qu'elle,
et que si je l'eusse quittée, il lui eût fallu mener un
train plus modeste, elle s'apaisa. Je partis pour la campagne; nous louâmes une maisonnette dans les environs de Montmorency; c'est là que je mis au monde une
fille... que je confiai à une paysanne de Pierrefite.

— Dans tout cela, je ne vois pas venir votre mari?

— Attendez donc... on le verra assez tôt. De retour
à Paris, j'allais souvent à Pierrefite voir ma fille. Cela
déplaisait à ma tante, qui me répétait sans cesse que je
me compromettais, que je ne trouverais pas à me marier, si je n'agissais pas avec plus de prudence. Je ne
l'écoutais pas et continuais à aller voir ma fille qui était
délicate, mais se portait fort bien. Malheureusement, il
n'en était pas de même pour moi : ma santé dépérissait
chaque jour, si bien que les médecins m'ordonnèrent
un voyage en Italie, ou tout au moins un long séjour à
Nice. Je partis avec ma tante, après avoir bien recommandé ma fille à sa nourrice. Je restai quelques mois
à Nice; ma santé ne se rétablissait pas. On me conseilla le séjour de Naples. Je m'y rendis, mais ma tante

ayant affaire à Paris, me quitta pour quelque temps. Je lui avais bien recommandé d'aller voir ma fille, de s'assurer que rien ne lui manquait. Quand ma tante revint me trouver à Naples, elle m'apprit que ma fille était morte, et que la paysanne à qui je l'avais confiée, désolée de ce malheur, avait quitté Pierrefite sans dire en quel lieu elle allait habiter. Je fus très-affligée de la perte de mon enfant. J'avais été si heureuse d'avoir une fille, je fondais sur elle tout mon bonheur à venir! Ma tante fit son possible pour me distraire. Nous voyageâmes pendant assez longtemps; je visitai toute l'Italie, puis une partie de la Suisse. Enfin, ma santé s'était rétablie et nous revînmes nous fixer à Paris. Là, un monsieur riche... assez aimable... il faisait du moins alors tout son possible pour l'être, vint me faire la cour; c'était un ancien ami de ma tante, et j'ai tout lieu de croire que, depuis longtemps, elle lui avait promis de faire son possible pour m'amener à consentir à l'épouser. Ce monsieur était beaucoup plus âgé que moi; ma tante prétendit que je n'en serais que plus heureuse; qu'un jeune mari délaissait sa femme pour aller courir avec des maîtresses, tandis qu'un époux raisonnable était toujours aux petits soins pour sa jeune femme. Que vous dirais-je... je croyais ne plus jamais aimer personne... j'avais perdu ma fille... Je me laissai marier pour être enfin chez moi et ne plus vivre avec ma tante, à laquelle celui qui m'épousait avait fait cadeau d'une jolie petite maison aux environs de Paris.

Mais je ne tardai pas à m'apercevoir que j'avais fa[it] une sottise et que je m'étais liée à un homme qui [ne] me convenait nullement. Mon mari était tatillo[n,] curieux, jaloux... du côté de la fortune, comme j'ava[is] la mienne, je n'avais pas besoin d'avoir recours à lu[i.] Cela le contrariait, il aurait voulu savoir comment [je] dépensais mon argent; je l'engageai à ne pas se mêl[er] de mes affaires; ce fut le commencement de nos que[re]relles. Mais ce monsieur qui voulait tout savoir [se] permettait de fouiller partout quand je m'absentais, [et] je crois même qu'il avait des doubles clefs de tous me[s] meubles. Ce qu'il y a de certain, c'est qu'un jour [il] trouva dans un petit coffre, au fond de mon secrétaire, les lettres que m'écrivait ce pauvre Auguste pendan[t] qu'il était à l'armée, et dans lesquelles il parlait d[e] notre enfant. Croiriez-vous, mon ami, que mon mar[i] me fit une scène horrible en me disant que je l'avai[s] indignement trompé en lui laissant croire que j'étais... Jeanne d'Arc!... Je lui répondis qu'il était encore trop heureux que j'eusse consenti à être sa femme, mais qu[e] je ne vivrais pas davantage avec un homme qui fouilla[it] dans mes meubles et se permettait de lire les lettres qu[e] j'avais reçues avant de porter son nom. Le lendemai[n] j'exécutai ma menace; j'avais loué un appartement, j[y] fis porter tout ce qui m'appartenait. Mon mari voulu[t] s'opposer à mon départ; mais je lui montrai un révolver que j'avais acheté, et lui dis : non-seulement je vous quitte, mais je vous défends, vous l'entendez, monsieur, je vous défends de jamais vous présenter chez moi... la loi vous y autorise, je le sais, parce que nous ne sommes pas séparés judiciairement, ce que nous ferons dès demain, si vous le voulez; mais comme nous sommes déjà séparés de bien par notre contrat; je crois que nous pouvons nous dispenser de cette formalité. Seulement, je vous le répète, ne vous permettez jamais de venir chez moi, si non... c'est avec ce révolver que je vous recevrai. Mon mari est très-poltron... depuis ce jour je n'ai jamais entendu parler de lui.

— Bravo!... Oh! vous êtes une femme de tête!... Et vous vous êtes remise avec votre tante?

— Avec ma tante!... oh jamais! j'en avais bien assez de ma tante qui m'a fait faire cet odieux mariage. Je me suis aussi brouillée avec elle; ne voulait-elle pas me faire retourner avec mon mari! mais je lui ai répondu sur un ton qui lui a fait voir que je n'étais plus la petite fille soumise à ses volontés. Au reste, elle est morte peu de temps après cette séparation... une maladie subite l'a emportée en quelques jours; elle m'avait écrit pour que j'allasse la voir. Elle avait, me marquait-elle, quelque chose d'important à m'apprendre. J'hésitai, je me disais : elle va encore me parler de retourner avec mon mari... Enfin, je me décide à y aller; mais quand j'arrivai à sa campagne, il n'était plus temps, elle était morte ! Voilà, mon cher Casimir, tous les évènements de ma vie... vous savez maintenant pourquoi, à mon grand regret, je ne puis pas vous offrir de m'épouser...

— Oh ! ma chère Ambroisine ! quant à moi, je vous avouerai franchement que je n'ai jamais pensé à cela... le mariage ne me tente pas du tout... il m'effraie... vous savez bien que l'on prétend que c'est le tombeau de l'amour...

— Oh ! pas toujours... mais il est certain... vous ne me trouverez pas assez jeune pour être votre femme, sans doute ?

— Moi !... est-ce que je pense à tout cela !... non, je pense... à faire quelque chose... à travailler...

— Travailler !... Et à propos de quoi ? Pourquoi faire ?

— Mais, pour gagner de l'argent...

— Ne suis-je pas votre caissière ?...

— C'est justement parce que je préférerais être mon caissier.... J'allais assez bien dans la peinture à l'huile... j'ai fait aussi quelques portraits assez ressemblants..

— Faire des portraits !... avisez-vous-en... pour avoir des modèles... regarder des femmes dans les yeux... étudier leur sourire... leurs regards !... je ne veux pas que vous fassiez de portraits, entendez-vous... je vous le défends...

— Et le paysage?... ah! c'est bien innocent le paysage!...

— Il n'y a jamais rien d'innocent avec les peintres... pour le paysage, il faut aller à la campagne chercher des points de vue... ou des moutons... et des bergères qui les conduisent...

— Avec cela qu'elles sont jolies les bergères des environs de Paris!... et gracieuses!... comme des loueuses de chaises.

— Laissez-nous donc tranquille avec votre peinture...

— Aimez-vous mieux que j'essaye de faire des pièces de théâtre? Ah! ce doit être un grand bonheur de se voir jouer, de s'entendre applaudir...

— Faire des pièces!... quelle horreur!... un auteur passe sa vie dans les théâtres, dans les coulisses, avec les actrices... il leur fait la cour à toutes... et en leur promettant des rôles il se fait écouter... vous ne sortiriez plus des coulisses, vous y passeriez votre vie. Ah! mon ami, je vous en prie, ne pensez pas à faire des pièces de théâtre.

— Eh bien, alors, si j'écrivais un roman?... Ah! cela n'exige pas de déplacement; on écrit tranquillement dans son cabinet... j'ai parfois des idées assez originales,

5.

je ferai peut-être un roman amusant... un roman de mœurs...

— Un roman !... un roman !... j'ai entendu dire cent fois que, pour faire un roman, il fallait avoir beaucoup vu... qu'il fallait avoir couru... avoir été dans les endroits que l'on voulait décrire... surtout pour faire un roman de mœurs ; ah ! si vous faites de l'extraordinaire, de l'invraisemblable, alors vous pouvez l'inventer...

— Non, je préfère l'ordinaire à l'extraordinaire.

— Alors, mon ami, vous voyez bien que vous ne pourriez pas travailler tranquillement dans votre cabinet ; il vous faudrait courir, aller quelquefois dans des endroits très-risqués... dans ces bals où l'on danse toutes les danses possibles... sous prétexte de voir comment on travaille dans un atelier, vous iriez chez des fleuristes, des modistes, des lingères... cela n'en finirait pas... ce serait pour étudier les mœurs des diverses classes de la société... Dieu sait tout ce qu'on voit quand on veut étudier les mœurs ! Non, croyez-moi, ne faites pas de roman !... je ne crois pas d'ailleurs que ce soit votre vocation.

— Ah ! si je pouvais trouver ou inventer quelque chose de bon... d'utile... quelque chose qui me couvrirait de gloire et ferait ma fortune...

— Vous avez le droit de chercher cela...

— Quel dommage que la pomme de terre soit connue ! je l'aurais peut-être découverte, moi !...

— Oui, mais elle est parfaitement connue, mon ami ; ne vous cassez donc pas la tête à chercher à inventer...

— Je vous répète que je veux m'occuper.

— Eh bien, mon Dieu, si vous le voulez absolument, je vous chercherai une place, moi.

— Vous ? Et où donc ?

— Dans un ministère... on va à son bureau pas trop tôt, on en sort pas trop tard ; le soir on est libre... ce n'est pas trop fatigant.

— Ah ! cela me plairait beaucoup !... mais comment espérez-vous m'obtenir cela ?

— Je verrai, je chercherai dans mes connaissances ; il me semble que rien ne presse. Tenez, par Florentine, elle a un cousin chef dans une administration ; elle parlera à son cousin. Cette pauvre Florentine ! comme on est ingrat ! quand on aime beaucoup une personne, que l'on ne pense qu'à elle, on oublie toutes les autres !... Mais vous me tournez la tête, vous me rendez folle !...

— Qu'y a-t-il donc encore ?

— Il y a, que Florentine venait d'arriver hier au soir, quand j'ai reçu votre lettre ; elle venait m'offrir de partager avec elle une loge pour l'Opéra ; mais après avoir lu votre vilain billet où vous m'annonciez que vous ne viendriez pas, j'ai été prise d'une crise de nerfs terrible ; cette pauvre Florentine m'a soignée, mais elle ne savait quoi me donner, elle a envoyé ma bonne chercher de la potion que je prends habituellement quand j'ai mal aux nerfs; mais ma bonne ne revenait pas, moi je suis revenue, et sans attendre la potion, j'ai dit à Florentine : partons, je veux aller chez lui... j'ai fait venir une voiture et Florentine a eu la complaisance de m'accompagner jusqu'à votre porte... elle voulait même m'attendre... sacrifiant pour moi l'Opéra et le plaisir qu'elle s'y promettait... mais je n'ai pas voulu, je l'ai renvoyée. Eh bien, convenez que c'est une véritable amie, celle-là... et que j'ai bien raison d'avoir pour elle une sincère affection...

— Oui, oui, je ne dis pas le contraire... elle vous est très-attachée... mais elle est diablement laide !...

— Ah ! que voilà bien les hommes ! Eh ! qu'importe qu'elle soit laide, monsieur, si elle possède toutes les qualités du cœur ! mais vous ne prisez que la beauté, vous autres.

— Et vous, mesdames, vous ne découvrez toutes les qualités du cœur chez une femme que lorsqu'elle n'est pas belle... Ah ! quand elle est jolie, vous trouvez bien vite ses défauts, mais il n'est plus question de ses qualités.

— Ah ! fi ! taisez-vous !... pourquoi dites-vous cela ?

— C'est que vos amies intimes sont toutes laides comme le péché mortel.

— Ne faudrait-il pas, pour être agréable à monsieur,

que je fisse venir chez moi des beautés rares afin que vous leur fissiez la cour sous mes yeux...

— Non... je ne vous demande pas des beautés rares... vous préférez les laideurs rares !... Mon Dieu ! faites suivant votre goût ! Après tout, cela m'est parfaitement égal.

Ambroisine réprime avec peine un mouvement d'impatience, puis elle sonne et sa femme de chambre paraît.

— Adrienne, le café est-il prêt ?
— Oui, madame.
— Servez-le.
— Et qu'il soit bien chaud, bien brûlant, surtout, dit Casimir. Vous entendez, mademoiselle... si je puis le prendre, je ne le prends pas.

Adrienne sort en riant; Ambroisine s'écrie :

— Je n'aime pas que l'on plaisante avec les domestiques, cela les rend familiers...

— Est-ce que j'ai plaisanté avec la vôtre ?
— Sans doute... vous faites des mots sur le café !...
— Ma chère amie, avec vous, on ne sait jamais comment parler à une femme... vous voyez du mal dans tout... vous ne pensez pas, j'espère, que je fais de l'œil à votre femme de chambre...

— Je ne dis pas cela... mais vous ne direz pas qu'elle est trop laide, celle-là ?...

— Oh ! vous ne me ferez pas non plus croire qu'elle

est jolie!... Un nez épaté, des cheveux roux... c'est un morceau très-convenable pour des tourlouroux!...

— C'est une très-bonne fille... elle m'est très attachée; quand je suis malade, elle se met en quatre pour me secourir.

Adrienne apporte le café; pendant qu'elle dispose les tasses, sa maîtresse lui dit :

— Adrienne, j'ai été bien malade, hier, n'est-ce pas?

— Oh! oui, madame!... J'étais bien désolée... Madame Florentine m'a dit d'aller faire faire de la potion... j'ai couru tout d'un trait... mais il y avait tant de monde chez le pharmacien... il m'a fallu attendre assez longtemps... j'avais beau les supplier de se dépêcher en leur disant : c'est pour ma maîtresse... elle est bien souffrante... ces gens-là sont si habitués à travailler pour des malades, ils n'en vont pas plus vite...

— Ma pauvre Adrienne... Tenez, prenez ce petit bonnet du matin qui est là... sur la causeuse... je vous le donne...

— Ah! que madame est bonne!...

— J'aime à récompenser ceux qui me servent avec zèle... Allez!

La bonne a pris le petit bonnet dont sa maîtresse lui fait présent et s'éloigne en sautillant.

Casimir avale son café, prend un petit verre de la divine liqueur des Bénédictins de Fécamp, un autre de rhum, et se lève en disant :

— Je crois que cela peut s'appeler avoir déjeuné...
— Dînerez-vous avec moi ?
— Oh! ma chère amie, il est près de trois heures, quand on a déjeuné comme je viens de le faire, on ne songe guère à dîner... je n'aurai pas faim.
— Mais vous savez que vous me conduirez ce soir à l'Opéra-Comique ?
— Oui, oui, c'est convenu...
— N'allez pas faire comme hier ?
— N'ayez aucune crainte... je vais un peu prendre l'air et faire peut-être une partie de billard au café du théâtre de la Porte-Saint-Martin...
— Allez, mauvais sujet... embrassez-moi...
— A bientôt.

## V

### LE BEAU ROUFLARD.

En sortant de chez madame Montémolly, Casimir va se promener quelque temps sur le boulevard ; il éprouvait le désir de prendre l'air, ce qui est toujours très-bon pour la digestion, après un repas plantureux. Casimir allume un cigare, ce besoin factice des flâneurs.

Tout à coup, en fouillant dans une de ses poches de côté, il sent sous ses doigts quelque chose qui a la forme d'un rouleau. C'en était un, en effet, un de ces jolis petits étuis de maroquin, doublés en cuivre, et fait exprès pour y mettre de l'or. Notre jeune homme a sorti le rouleau de sa poche, il se met un peu à l'écart et compte ce qu'il y a dans l'étui ; il y trouve vingt-cinq louis. Il referme l'étui et le replace dans sa poche, en se disant :

— Cinq cents francs!... elle a glissé cela dans mon paletot... elle se sera dit : il ne doit plus avoir beaucoup d'argent; elle ne se trompait pas... il me restait à peine vingt francs... mais recevoir toujours de l'argent de cette femme. Ah! c'est humiliant, c'est honteux; encore si elle mettait tout de suite quatre ou cinq mille francs dans mon gousset, au moins j'en aurais pour longtemps sans être à court; mais elle se garderait bien de me donner une pareille somme, elle veut toujours me tenir sous sa dépendance. Et elle ne veut pas que je travaille... non, elle serait désolée que je pusse me passer d'elle. Et elle dit qu'elle m'aime... oui, pour elle, mais pas pour moi. Malheureusement, chez les femmes, cette manière d'aimer est la plus commune. Ah! ce ne sont pas les femmes de Sparte, qui disaient à leur mari partant pour la guerre : reviens vainqueur ou fais-toi tuer. Vous me direz peut-être que c'est encore une singulière manière d'aimer les gens que de leur conseiller de se faire tuer!... *Ne quid nimis!* l'excès en tout est un défaut. Allons jouer au billard, voilà l'heure où Miflaud a l'habitude de se trouver au café du théâtre. Ah diable! je me rappelle, c'est aujourd'hui mon jour de leçon à mademoiselle Proh... irai-je... Je ne suis guère en train de donner une leçon de dessin. Ambroisine m'a fait boire tant de sortes de choses. Je dois même exhaler une odeur de vin et de liqueur... je ne puis pas, dans cet état, me présenter dans une famille respectable... non, ce serait inconvenant... O les délices de Capoue! voilà de vos résultats! Ambroisine fait bien tout ce qu'il faut pour m'ôter le goût du travail. Bast!... tant pis, après tout, allons jouer au billard.

Quand on a pris une fois l'habitude de ne songer qu'à s'amuser, il est bien difficile de la vaincre et d'avoir assez de force sur soi-même pour repousser le plaisir qui se présente et lui préférer l'étude ou le travail. C'est ce qui arrive en ce moment à Casimir; ce jeune homme n'est pas dépourvu de bons sentiments, il en a fait preuve en se chargeant de donner des leçons de dessin à la fille de sa voisine; il désire gagner de l'argent, soit par son talent, soit en occupant un emploi dans une administration; mais sa maîtresse est là pour lui barrer le chemin; elle est riche, elle veut accaparer son amant, elle veut qu'il ne vive que pour elle et par elle! Quand une femme, qui est encore très-séduisante, veut subjuguer un homme, elle y emploie tous ses moyens, et pour plaire elle en a beaucoup.

Casimir ne va pas donner sa leçon à mademoiselle Angélina Proh; il va à son café favori, il y trouve des jeunes gens qui aiment à flâner comme lui; il y en a même qui poussent cela plus loin; on en voit qui viennent dès que le café est ouvert, se placer à une table et jouer au domino jusqu'à l'heure où il faut bien songer à dîner. Mais ce repas fait, ils reviennent bien vite faire leur partie, et ne s'en vont que lorsqu'on ferme. Vous allez dire que ceux-là sont des joueurs et non pas des flâneurs; c'est possible : moi, j'appelle flâneurs ceux qui passent leur vie au café.

Après plusieurs heures consacrées au carambolage, Casimir se rappelle que sa maîtresse veut aller prendre des glaces au café Napolitain, avant de se rendre au spectacle; il faut donc qu'il aille la chercher bien avant l'heure où la pièce de l'Opéra-Comique doit commencer. Il se rend chez madame Montômolly, qui a fait une charmante toilette qu'elle porte avec cette désinvolture gracieuse que toutes les femmes ne savent pas se donner; les unes se tenant trop raides, trop guindées, les autres montrant trop d'abandon et de laisser-aller.

— Avez-vous dîné, mon ami? demande la belle dame.

— Ma foi non, je n'y ai pas même pensé; je n'ai pas eu faim.

— Et bien, ni moi non plus. Mais savez-vous ce qu'il faudra faire? après le spectacle nous irons souper au café Anglais. Cela vous va-t-il?

— Oh! parfaitement; vous avez toujours d'excellentes idées.

Mademoiselle Adrienne a été chercher une petite victoria, qu'elle a ramenée bien vite parce qu'elle sera plus tôt libre de sa soirée quand sa maîtresse sera partie. Ambroisine et son amant se font conduire au café si renommé pour ses glaces, ses sorbets et ses granits;

ensuite ils se rendent à l'Opéra-Comique, dans une loge que madame Montémolly a fait retenir d'avance.

On donnait une pièce nouvelle d'*Auber*, de ce célèbre compositeur à qui nous devons tant de chefs-d'œuvre, tant d'opéras qu'on ne se lasse pas d'entendre ; il vieillit, dit-on, mais on se trompe, quand on fait de si charmantes mélodies, c'est qu'on est toujours jeune : pour Auber le temps s'est arrêté.

Casimir écoutait la musique, Ambroisine était surtout occupée à s'assurer si son amant ne lorgnait pas quelques femmes. Mais tout se passe bien, parce que le jeune homme n'a point longtemps fixé ses regards du même côté. L'opéra finit, le couple amoureux se rend au café Anglais, qui n'est qu'à deux pas de l'Opéra-Comique. Là, on se fait donner un cabinet et servir un souper fin, auquel monsieur et madame font honneur. Je ne vous dirai pas si ce joli souper est entremêlé de tendres caresses et de serments d'amour, je laisse cela à votre discrétion ; ce qu'il y a de certain, c'est qu'il est près de deux heures du matin lorsque madame Montémolly dit :

— Je crois qu'il est temps de rentrer. Mon ami, dites au garçon de nous faire avancer une voiture.

La voiture ne manque jamais dans ce riche et brillant quartier, où l'on fait la nuit le jour, où à deux heures du matin, c'est souvent plus animé, plus vivant qu'à midi. Casimir reconduit Ambroisine chez elle, puis il se fait ramener chez lui, rue de Paradis-Poissonnière, en se disant :

— Ma foi, voilà une journée bien employée... elle a été complète.

Mais en se disant cela, le jeune homme était bien complet aussi, car il ne s'était pas plus ménagé au souper qu'au déjeuner; le champagne frappé avait joué un grand rôle dans sa journée ; il n'était pas gris, parce qu'un homme bien élevé ne se grise pas, mais il était dans cet état d'ébriété qui tient le milieu entre l'ivresse et le sang-froid.

La voiture s'est arrêtée. Casimir est devant sa porte, il paie son cocher et va tirer le bouton de cuivre qui doit faire retentir la sonnette et réveiller le portier, tout en se disant :

— Pourvu que mon estimable concierge n'ait pas le sommeil trop dur... et qu'il sache que je ne suis pas rentré.

Au moment de sonner, Casimir aperçoit comme une masse étendue devant la porte cochère; il se baisse pour mieux voir, il avance doucement son pied... la masse remue; c'est un homme qui est couché là.

Casimir fait un mouvement en arrière, avec la pensée que c'est peut-être un voleur qui fait semblant de dormir, et il n'a pas même une canne pour se défendre ; mais la masse ne remue plus, il se décide à tirer le bouton de cuivre une seconde fois.

On n'ouvre pas encore, Casimir, impatienté, pousse avec son pied l'individu qui est étendu là et le gêne; un sourd grognement se fait entendre et une tête, qui avait la figure tournée contre la porte, se relève un peu, en murmurant :

— Eh ben, de quoi... qu'est-ce qu'il y a ?

— Que faites-vous donc là... dans la rue ?

— Vous avez bien vu que je dormais... Est-ce qu'on ne peut plus dormir tranquille, à présent ?

— On ne dort pas devant la porte d'une maison.

— Bah ! j'en suis de la maison... c'est mon domicile politique... sous les toits...

— Si vous y logez, pourquoi ne rentrez-vous pas chez vous au lieu de vous coucher là, vous seriez mieux dans votre lit.

— Mon lit !... avec ça qu'il est gentil, mon lit... une paillasse et des punaises... voilà l'affaire.

— Enfin, on ne couche pas dans la rue... une patrouille, des sergents de ville pourraient vous mener au poste.

— Je ne demande pas mieux... je les attends... d'ailleurs c'est la faute à ce gredin, ce faquin de Chausson qui ne m'ouvre pas.

— Ah ! Chausson, le portier, ne veut pas vous ouvrir ?

— Oui, Chausson, mon domestique.

— Le portier, voulez-vous dire ?

— Portier tant que vous voudrez... il a été mon domestique et pendant assez longtemps... Ça vous étonne, c'est comme ça... Quand j'étais son maître je lui administrais parfois des corrections... il buvait mes liqueurs, des liqueurs de madame Amphoux... de la vraie... que m'envoyait ma dulcinée... et aujourd'hui, pour se venger, mon domestique, devenu mon portier, me laisse coucher dans la rue.

— Oh! il faudra bien qu'il ouvre, cependant.

Et Casimir va tirer de toutes ses forces et sans lâcher le bouton de cuivre.

Au vacarme de la sonnette succède la voix du portier, qui crie :

— Rouflard! si tu ne finis pas de tirer la sonnette, je te fais donner congé demain.

— Ce n'est pas Rouflard qui sonne, c'est moi... ouvrez sur-le-champ, portier; je vous l'ordonne, moi!

— Comment! c'est vous, monsieur Casimir!... Oh! pardon, je vous croyais rentré depuis longtemps... Ah! si j'avais su que c'était vous... vous savez bien que je ne vous fais jamais attendre.

La porte s'ouvre en effet. Casimir entre dans la maison, en disant au particulier étendu à terre :

— Eh bien, voilà la porte ouverte... Est-ce que vous n'entrez pas maintenant?

L'individu, que le portier a appelé Rouflard, semble résister à quitter sa position horizontale, il s'y décide cependant, se relève ou plutôt se roule dans la porte cochère et va s'appuyer contre le mur. M. Chausson, le concierge, s'est levé, il a passé une veste, qui lui tient lieu de robe de chambre, il vient avec un bougeoir à la main refermer la porte et offrir à son jeune locataire de la lumière pour monter l'escalier

Casimir est occupé à examiner l'homme qui est adossé au mur, contre lequel il a de la peine à se tenir, parce qu'il est complétement ivre.

— Si monsieur veut prendre ce bougeoir pour monter chez lui... je suis désolé d'avoir fait attendre monsieur; j'entendais bien sonner, mais je croyais que c'était toujours Rouflard, voilà pourquoi je n'ouvrais pas...

— Voyez-vous cette canaille! qui voulait laisser son maître dans la rue... je reconnais bien là mon ancien laquais...

— Taisez-vous, Rouflard ; quand on se met dans l'état où vous êtes, on rentre avant minuit, au moins.

— Si je veux rentrer plus tard... ça me plaît, tu es fait pour m'ouvrir, entends-tu, mon domestique ?

— Je ne suis plus votre domestique, Dieu merci ! il est passé ce temps-là.

— Où tu buvais mes liqueurs !

— Tu ne me payais pas mes gages, il fallait bien que je prisse quelque chose pour me soutenir... mais tu mangeais tout!

— Rouflard, je te défends de me tutoyer, entends-tu, mon domestique!

— Et moi, je te défends de m'appeler ton domestique... Va te coucher, ivrogne.

— Va à ta loge, caniche... demain il fera jour... je ne te dis que ça... et tu auras affaire à ton maître !

Après avoir lancé cette menace, qui fait hausser les épaules au concierge, M. Rouflard va, tout en chancelant, gagner l'escalier; là, il s'appuie sur la rampe et parvient à monter en se tenant après. Casimir était resté en bas pour écouter le dialogue entre l'ivrogne et le concierge; il éprouvait aussi un sentiment de curiosité et désirait savoir comment cet homme, si mal vêtu, qui paraît si misérable, avait pu avoir M. Chausson pour domestique; lorsque Rouflard a disparu dans l'escalier, il s'adresse au portier :

— Cet ivrogne prétend que vous avez été à son service, dit-il vrai, monsieur Chausson?

— Eh mon Dieu, oui, monsieur, je ne le nie pas, moi; mais ce que vous croirez difficilement, en voyant maintenant ce misérable, c'est que, il y a vingt-cinq ans, ce même individu était alors un homme à la mode, la coqueluche de toutes les femmes, qui ne l'appelaient que le beau Rouflard !... le charmant Rouflard !... et, à vrai dire, c'était alors un très-joli garçon, bien fait, de belle tournure, une figure aimable, fine... Oh! le gaillard savait donner à ses yeux toutes les expressions possibles pour séduire les femmes, et dame, il s'y entendait... c'était son état!

— Son état? Qu'entendez-vous par-là, portier?

— Mais c'est bien facile à comprendre : j'entends que le beau Rouflard ne faisait pas autre chose que la cour aux dames, et il s'adressait de préférence aux dames riches. Alors il recevait de l'une, et puis de l'autre, des cadeaux de celle-ci, des présents de celle-là. Quand ses fournisseurs, ses créanciers venaient lui demander de l'argent, ce n'était jamais lui qui les payait. J'étais au courant de tout, j'étais son valet de chambre, son factotum, son homme de confiance; il me donnait mes instructions, me disait : Chausson, tu enverras mon tailleur chez Éléonore, mon bottier chez Ernestine, elles paieront ces messieurs... je ne veux pas me mettre sur le pied de payer mes créanciers, fi donc!... c'est mauvais genre... Ah! tu iras chez madame une telle... je lui ai gagné hier cent louis à l'écarté, tu les lui demanderas, et elle te les donnera, c'est convenu... d'ailleurs les dettes de jeu, c'est sacré... cela se paie dans les vingt-quatre heures. Tu passeras aussi chez la baronne ou la petite comtesse; nous avons parié aux courses; j'ai gagné mille écus à l'une, mille francs à l'autre... tu recevras tout cela... j'ai besoin de ces rentrées. J'allais faire ces commissions, et pendant longtemps ces dames ont payé... très-bien payé sans faire aucune observation. Alors j'obtenais un à-compte sur mes gages et je buvais des liqueurs de madame Amphoux pour le reste. Oh ! les liqueurs des îles !... c'était mon faible ! Mais petit à petit les choses n'allaient plus si bien : Rouflard, qui buvait comme un trou, vit bientôt son nez devenir de la couleur d'une betterave... cela lui fit beaucoup de tort près de ses maîtresses ; en général, les femmes n'aiment pas les nez rouges, ce qu'on appelle une trogne. Quand mon maître m'envoyait chercher le prix d'un pari, ou l'argent perdu au jeu, ces dames me disaient quelquefois : Rouflard se trompe, ce n'est pas moi qui ai perdu, c'est lui ; ou bien : « J'en suis fâchée, mais ma caisse est fermée. » Quelques-unes se permettait de me dire : Zut ! j'en ai assez de cet ivrogne de Rouflard, je ne veux plus le nourrir. Quand je revenais rapporter les réponses à mon maître, il se mettait en fureur, voulait me rosser, puis, était obligé, pour se faire de l'argent, de vendre l'un après l'autre les jolis cadeaux ou les bijoux qu'il avait reçus de ses belles. Quand il n'eut plus rien à vendre et que je vis qu'on ne lui envoyait plus de liqueurs des îles, je me dis : il est temps de quitter la place... il m'était dû six mois de mes gages, mais il me fallait en faire mon deuil... Je laissai le beau Rouflard, qui n'était plus beau du tout, et dont la toilette n'était plus celle d'un élégant, se tirer d'affaire, en cherchant à faire une autre maîtresse... en état de le nourrir ; et je parvins, moi, à trouver un bon emploi... je pus amasser quelque chose, je me mariai et j'obtins une place de concierge dans cette maison, où je suis depuis huit ans, ma femme y est morte, ce qui ne m'empêche pas d'être très-heureux. Mais jugez de ma surprise, monsieur, lorsqu'il y a près de neuf mois, je vis arriver ici un homme mis comme un mendiant, sale, défait, qui me demande si je n'avais pas un petit coin, une soupente, ou même un grenier à lui louer. Je ne pouvais pas le croire, cependant dans l'expression du visage il reste toujours quelque chose de ce qu'on était, et je m'écriai : « Dieu me « pardonne, mais vous êtes Rouflard !... » « C'est toi qui l'a nommé ! me répondit-il, oui, je suis le ci-devant beau Rouflard !... que le temps et des malheurs ont un peu détérioré... Mais attends que je te dévisage... Ah! j'y suis !... tu es Chausson... tu es mon domestique... eh bien, loge moi, et sois aujourd'hui mon portier... Je suis devenu bien sage, je me couche tous les jours à neuf heures, et je ne bois que de l'eau, quand je n'ai pas de quoi acheter du vin. » La vue de la misère de cet homme, que j'avais connu si brillant, si à la mode, me fit de la peine, et je lui dis : « Eh bien, soit, je vous donnerai un petit cabinet sous le toit; mais que faites-vous maintenant, quel est votre état ? » Il se gratta le front pendant quelque temps, puis me répondit: « Je fais tout ce qu'on veut ! les commissions, la cuisine; je mets du vin en bouteilles, je tonds les chiens... je fais l'éducation des perroquets, mais ce qui est surtout ma partie favorite, c'est de poser pour les peintres. » « Eh bien, je tâcherai de vous faire avoir de l'occupation, et je vais vous loger tout là haut ; mais vous serez ici dans une maison tranquille, il faudra vous y conduire convenablement. » Il le promit. Dieu sait comment il a tenu sa parole !... Je lui faisais avoir des commissions par une locataire, mais dès qu'il a touché quelques sous, mon ivrogne va les boire et il rentre à des heures indues. Je l'ai prévenu que cela ne pouvait pas durer comme cela, il me promet de se corriger, quand il est à jeun, mais, voyez comme il se corrige !... Il faisait cette nuit du tapage à la porte, mais sans vous, monsieur, je vous assure qu'il aurait couché dans la rue !... Décidément, c'est un bien mauvais sujet que monsieur Rouflard !... Mais les hommes qui, dans leur jeunesse, vivent aux dépens des femmes, doivent nécessairement finir comme cela, parce que leur gagne-pain, c'est leur jolie figure, mais une fois que la figure tourne à la pomme cuite, bonsoir les voisins !... ils n'ont plus qu'à pendre leurs dents au croc !...

Casimir ne répond rien, l'histoire du beau Rouflard l'a dégrisé, et il monte son escalier d'un air tout pensif.

## VI

### LA FAMILLE PROH.

La famille Proh était rassemblée dans son salon. Vous connaissez déjà madame Céleste Proh, dont nous vous avons fait le portrait; son mari, M. Castor Proh, est un ancien professeur d'histoire et de langues mortes. C'est un grand homme sec, jaune, qui était fort laid étant jeune, et qui n'a pas embelli en vieillissant, il a un nez tellement plat, tellement enfoncé, qu'il lui serait impossible d'y faire tenir des lunettes. Ce monsieur a toujours l'air d'un précepteur prêt à gronder son élève, il a constamment le ton rogue et désagréable, sa femme prétend ne l'avoir jamais vu rire, mais il y a des personnes qui s'amusent en dedans et sans que cela paraisse, avec M. Proh, cela ne paraît pas.

Un héritage, sur lequel il ne comptait pas, a permis au professeur de se reposer et de vivre de ses rentes, il ne veut plus, dit-il, s'occuper que de l'éducation de ses enfants, mais sa fille préfère les arts agréables à l'étude de l'histoire, et le petit Alphonse tire la langue à son père, lorsque celui-ci lui parle de langues mortes; c'est un véritable enfant terrible, gourmand, curieux, paresseux, tapageur, répondeur ; son père prétend qu'il promet.

Mademoiselle Angélina Proh approche de sa seizième année ; à cet âge, à moins d'être tordue, bossue, d'avoir un nez camard et des yeux chassieux, une jeune fille est toujours bien, ce n'est quelquefois que la beauté du diable, mais cela fait encore des conquêtes, il y a des hommes qui ne prisent que cette beauté-là. Mademoiselle Proh n'en avait pas d'autre; elle y joignait une dose de bêtise, qui pouvait encore passer pour de l'ingénuité, mais qui plus tard ne devait pas laisser le moindre doute sur sa qualité.

En ce moment, madame Proh est en train de se broder une collerette, mademoiselle Angélina essaye de dessiner des yeux et des oreilles; le petit Phonphonse découpe une image, et le ci-devant professeur se promène dans la chambre, se tenant le menton et ayant l'air de méditer. Tout à coup il s'arrête.

— Voyons, Alphonse, je vais te poser une question bien simple...

— De quoi est-ce que tu poses...

— On ne dit pas : de quoi est-ce ? d'abord, cette tournure de phrase est vicieuse...

— Vicieuse ! qu'est-ce qu'elle a donc fait de mal ?

— Mon fils, je vous questionne, mais ce n'est pas à vous de me questionner... Ecoutez bien, et répondez moi *illico !* Comment s'appelait le premier homme ?

— *Illico !*...

— Hein !... voyons mon fils, faites-donc attention... Je vous demande comment s'appelait le premier homme ?

— Eh ben, illico !... Tu m'as dit de te répondre : illico... je te le dis et tu n'es pas content !...

— Mais, petit drôle, j'entends par *illico*, sur-le-champ... tout de suite...

— Monsieur, cet enfant a raison : pourquoi employez-vous avec lui des termes barbares qu'il ne comprend pas... vous embrouillez sa mémoire et voilà tout !

— Madame, mêlez-vous de vos chiffons, de vos toilettes et laissez-moi diriger l'éducation de mon fils... il a des moyens, il promet, mais il a besoin d'être souvent morigéné...

— Dieu merci, il a du temps devant lui !...

— On n'en a jamais assez, madame... Et moi, qui en sais long, je m'en flatte, il me faudrait encore cent ans d'existence pour être complet !...

— Comme un omnibus !...

— Phonphonse !... *tu castigaberis !*...

— Papa, tu sais bien que dans les omnibus, le conducteur crie : complet !... Ah ! dessine-moi un grand bonhomme, ma sœur ne veut plus m'en faire...

— Votre sœur travaille ses yeux et ses oreilles, elle a raison. Mais cela me fait penser que c'était hier votre leçon de dessin... Monsieur Casimir est-il venu ?

— Oui, papa...

— Non, c'est pas vrai... ma sœur ment... le voisin n'est pas venu hier nous donner leçon...

— Votre frère a-t-il raison, ma fille ?

— Dame !... je ne sais plus... je ne m'en souviens pas... vous allez me faire manquer mon oreille !

— Je ne donne pas vingt-cinq francs par mois à ce jeune homme pour qu'il vous néglige... Madame Proh, vous devriez veiller à ça...

— Eh mon Dieu, monsieur, soyez donc tranquille ! monsieur Casimir n'est pas capable de vous faire tort d'une leçon ! c'est un garçon fort distingué, et qui ne montre le dessin à ces enfants que pour nous obliger...

— Madame, je me méfie de ces personnes qui font les choses pour nous obliger, en général elles les font mal ; c'est comme ces domestiques qui répètent sans cesse qu'ils n'étaient pas nés pour servir... ils ne font jamais bien leur besogne.

— Papa, fais-moi un bonhomme.

— Voyons... as-tu du papier, un crayon ?

— Voilà... Ah! mais je veux que tu le fasses avec ton pied.

— Avec le pied? Phonphonse, vous divaguez! est-ce qu'on dessine avec ses pieds quand on a des mains à sa disposition?

— Mais toi, papa, tu dois savoir te servir de tes pieds comme de tes mains, puisque tu es quadrumane.

— Quadrumane!... je suis quadrumane!... qui est-ce qui vous a dit une telle impertinence?... Savez-vous seulement ce que c'est qu'un quadrumane?...

— Oui; c'est un mandril, et tu sais bien que l'autre jour maman t'a dit que tu étais un mandril. J'ai demandé à M. Casimir ce que c'était qu'un mandril; il m'a répondu que c'était un homme des bois, qui était quadrumane.

— Vous l'entendez, madame; votre fils me compare à un singe, parce que l'autre jour vous n'avez pas craint de me qualifier de cette épithète.

— Eh, monsieur!... vous m'avez bien appelée girafe, vous. Est-ce que c'était plus poli?

— Papa Mandril, fais-moi mon bonhomme.

— Quand tu m'appelleras mandril, toi, je te ficherai une fessée dont tu te souviendras. Allez étudier votre leçon de grammaire et vous me la réciterez.

— Ah! ça m'ennuie la grammaire... j'aime mieux découper des images.

— Faites ce que je vous ordonne, drôle!... et ne

murmurez pas. Angélina, quand vous aurez fini vos oreilles, j'aime à croire que vous vous occuperez de mes chaussettes qui sont en fort mauvais état... je m'en suis déjà plaint à votre mère qui, j'espère, a fait droit à ma réclamation.

— Vos chaussettes, papa, ah! par exemple! je n'y ai pas touché.

— Comment! madame, vous ne faites pas raccommoder mon linge?... mais en vérité, je ne sais pas à quoi vous pensez... ou plutôt je ne le sais que trop... c'est à votre toilette, à votre parure, à vos robes à queues ou sans queues... et mon linge est dans un état pitoyable!... mes gilets de flanelle manquent de boutons, mes chemises ont des endroits déchirés, mes caleçons ont des trous; mais pourvu que madame ait une robe à la mode, elle ne s'occupe pas du reste.

— Ne faudrait-il pas, par hasard, monsieur, que j'aie toujours vos caleçons dans la tête. Ah! fi!... ce serait bien triste!...

— Ce qui est triste, madame, c'est de trouver des accrocs à ses chemises au moment de les mettre.

— Rassurez-vous, monsieur, votre linge sera raccommodé; mais comme il y a trop d'ouvrage ici et que ma fille et moi nous ne pouvons pas y suffire, j'ai donné tout cela à une ouvrière.

— A une ouvrière... mais êtes-vous bien renseignée

sur cette ouvrière... il y en a qui changent les objets qu'on leur confie.

— Ah! ne croyez-vous pas qu'elle va vous changer vos chaussettes... vous avez toujours peur d'être volé... d'ailleurs, c'est une jeune fille qui demeure dans la maison, au cinquième ; c'est la petite Lise.

— La petite Lise, je ne connais pas cela... Et elle travaille bien, la petite Lise?

— Elle coud comme une fée; je l'ai déjà employée, j'en ai été très-contente, d'autant plus qu'elle ne prend pas cher, on lui donne ce qu'on veut.

— Oh! alors il faut l'employer souvent. Et cette jeune fille demeure seule là-haut?

— Non, elle est avec sa grand'mère, une vieille bonne femme, qui est à peu près paralytique, qui n'est plus en état de rien faire; eh bien, c'est la petite Lise qui en a soin, qui travaille jour et nuit pour que la pauvre vieille ne manque de rien. Oh! cette jeune fille se conduit fort bien... tout le monde fait son éloge dans maison.

— Hom! je me méfie de ces personnes dont tout le monde fait l'éloge... cela cache souvent des intrigues profondes... cette petite a sans doute des amoureux.

— Ah! monsieur! quelle idée!... pouvez-vous dire de ces choses-là devant votre fille.

— Madame, ma fille apprend le dessin, et quand une demoiselle veut dessiner d'après la bosse et copier des statues antiques, je crois qu'elle peut comprendre ce que c'est qu'un amoureux. Au reste, votre petite Lise est très-sage, elle n'en a pas, je ne demande pas mieux, moi.

— Si! si!... Lise a un amoureux! s'écrie le jeune Phonphonse; je le sais bien, moi, je le connais...

— Que dites-vous-là, mon fils... où avez-vous appris de telles choses?...

— Tiens... puisque je l'ai entendu... N'est-ce pas, ma sœur, que la petite ouvrière du cinquième a un amoureux...

— Laisse-moi tranquille, tu me feras manquer mon oreille...

— Ma fille, dit à son tour la maman, c'est moi qui vous questionne; laissez un moment vos oreilles et répondez-moi. Vous savez que la petite Lise a un amoureux?

— Si vous croyiez toutes les bêtises que dit mon frère... vous auriez de l'ouvrage.

— C'est toi qui es une bête, ma sœur; tu as bien entendu l'ivrogne, qui demeure au grenier, et qui disait dans l'escalier : Vive Lise! c'est mon amoureuse... Et il a ajouté : *C'est ma maîtresse, ma lionne!*... Et tu as dit, toi : eh bien, il est gentil l'amoureux de Lise!

— Ça n'est pas vrai! je n'ai pas dit ça!...

— Si, tu l'as dit!

— Non, non, non!

— Si, si, si!...

— Assez, assez!... *satis! satis!...* crie à son tour M. Castor Proh; ces enfants-là me rappellent Caïn et Abel... que je n'ai pas connus, mais dont les querelles ont eu des suites bien terribles!

— Du moment que l'ivrogne du grenier est mêlé à tout cela, dit Céleste, vous voyez, monsieur, quel cas on peut faire de ce que vient de dire votre fils.

— Oui, madame, cet ivrogne, ce Rouflard, car il se nomme, je crois, Rouflard, un mauvais drôle, fainéant, soulard, que l'on devrait chasser de cette maison... le portier Chausson me l'avait recommandé, en me priant de lui donner de l'ouvrage, et me disant que c'était un homme bien élevé, qui avait eu des malheurs. Je consentis à l'employer, quoique je me méfie toujours de ces gens qui ont eu des malheurs. J'avais justement besoin de rhum de la Jamaïque, vous ne l'aimez pas, vous, madame, vous préférez l'anisette, mais, moi, j'aime le rhum. C'est un jour que vous dîniez en ville avec les enfants. Je donne de l'argent à ce Rouflard en lui ordonnant d'aller *aux Américains*, c'est là qu'on est sûr d'avoir du bon. Mon commissionnaire part vers quatre heures de l'après-midi. Il fallait tout au plus une heure pour faire sa commission... à six heures il n'était pas revenu. Je vais me plaindre au portier... je crains qu'il ne soit arrivé malheur à son protégé. Sept heures, huit heures sonnent... enfin, à dix heures, je vois arriver mon homme, gris, ivre, pouvant à peine se tenir sur ses jambes, et qui me présente une bouteille aux trois quarts vide, en me disant d'un air goguenard : « Voilà votre affaire... elle a un peu fui en route... c'est qu'elle était mal bouchée apparemment. » « Comment, lui dis-je, vous osez prétendre que cette bouteille a fui; mais elle devait être parfaitement goudronnée; pourquoi vous êtes-vous permis de la déboucher?... c'était pour boire mon rhum... vous êtes un misérable!... un drôle!... » Au lieu de s'excuser, de me demander pardon, ce Rouflard m'injurie en me disant : Si vous n'êtes pas content, je vais boire le reste!... » En effet, je lui ai laissé le reste ; mais j'ai fait compliment au portier, et je le répète, un tel ivrogne ne devrait pas rester dans cette maison.

— Ah ben!... va, Rouflard n'a pas peur de toi, papa Mandril... non, non, pas Mandril, pas Mandril... papa Castor...

— Est-ce que vous causez avec cet homme, Phonphonse? je vous défends de lui parler... sa fréquentation vous perdrait.

— Ce n'est pas moi qui lui parle... c'est lui qui me dit toujours des bêtises quand il passe.

— Ne lui répondez pas, renfermez-vous dans votre for intérieur.

— Dans mon fort... je n'en ai pas... achetez-m'en un, papa, avec des petits soldats en bois.

— Mon fils, vous ne m'avez pas saisi ; je vous répète de ne point écouter ce que vous dit cet ivrogne.

— Tiens! il m'amuse, moi, il me fait rire... il m'a dit, hier matin : pourquoi ton père ne met-il pas son nom sur sa porte? ça se fait toujours pour les artistes...

— Quoi, Phonphonse, vous permettez à cet homme de vous tutoyer... c'est très-inconvenant de sa part!

— Est-ce que je peux l'en empêcher, moi...

— On lui dit : monsieur, nous n'avons pas gardé les dindons ensemble.

— Il me dira : tu les as gardés avec ton père.

— Ah! ce Rouflard voudrait que je misse mon nom sur ma porte.

— Oui; il a même dit : sois tranquille, petit, je l'y mettrai avec celui de toute ta famille... il faut qu'on sache bien où trouver la famille Proh...

— Ah! il t'a dit cela!... pure plaisanterie, j'espère..

— Ah! s'écrie Angélina, cela me fait souvenir que j'ai vu, hier, cet homme monter l'escalier avec un gros morceau de blanc d'Espagne à la main.

— Est-ce qu'il oserait se permettre de faire des caricatures ridicules sur ma porte!...

— Allez donc y regarder, monsieur Proh, avec un ivrogne, il faut s'attendre à tout... nous ne sommes pas encore sortis aujourd'hui ; il aurait donc pu, hier, effectuer ses menaces sans que nous le sachions.

M. Proh sort du salon et se rend sur son carré.

Bientôt on l'entend pousser un cri d'indignation, aussitôt toute la famille court sur le carré, curieuse de savoir ce que l'on a pu faire sur la porte.

— Venez, venez, madame! s'écrie M. Castor; venez tous, et voyez ce que ce Rouflard a eu l'audace d'écrire sur notre porte. Oh! il y en a pour tout le monde...

En effet, sur la porte, on avait écrit avec du blanc d'Espagne, et en grandes lettres :

Madame *Pro-fande*.
Mademoiselle *Pro nobis*.
Monsieur *Pro-fesse*.
Le petit *Pro-pice*.

## VII

### LA PETITE LISE.

Après sa journée si bien employée, Casimir n'a point passé une nuit aussi agréable : il a fort peu dormi, l'histoire de ce particulier qui était couché dans la rue et qui appelle le portier son domestique, lui revient sans cesse à la pensée; elle lui fait faire des réflexions qui ne sont pas couleur de rose; et, sans se mettre au même niveau que ce Rouflard, il se dit qu'un homme est infiniment méprisable quand il vit aux dépens d'une femme.

Le résultat de ces réflexions est une résolution bien arrêtée cette fois de se livrer au travail, et comme la peinture est le seul talent qu'il possède et qu'il puisse utiliser, il se promet de reprendre ses crayons et ses pinceaux et de tâcher, en travaillant, d'acquérir ce qui lui manque encore pour attaquer hardiment le portrait d'après nature; de plus, il se promet aussi de ne rien dire à Ambroisine de ses nouvelles intentions.

Ce qui est indispensable à un peintre de portraits, c'est un modèle. Casimir sait bien que madame Proh ne demande pas mieux que de lui en servir; mais avant de faire le portrait de cette dame, le jeune homme voudrait s'exercer sur un autre modèle. Il se souvient de ce que lui a dit le portier au sujet de Rouflard, et aussitôt après avoir pris la tasse de café que M. Chausson lui apporte tous les matins, Casimir monte son escalier pour se rendre près de Rouflard.

La maison était haute. Arrivé au cinquième, où ce ne sont que des chambres occupées en grande partie par les bonnes de la maison, Casimir s'arrête pour reprendre haleine, puis il regarde autour de lui, l'escalier finit là; cependant le portier lui a dit que son ancien maître logeait dans un grenier, au sixième étage, et il n'aperçoit plus la moindre trace d'escalier.

Mais une voix se fait entendre, une voix de femme bien douce, bien jeune; on chante comme si l'on berçait un enfant. La clef est sur la porte de cette chambre d'où part la voix. Casimir se décide à entr'ouvrir cette porte pour demander par quelle route on parvient au sixième étage.

Il voit une pièce bien modestement meublée, on pourrait dire pauvrement meublée : au fond est un lit assez confortable, avec de grands rideaux en serge; et presque à côté est une petite couchette, sans rideaux, qui ne se compose que d'une paillasse et d'un matelas bien mince, puis il y a une commode en noyer, une table, des chaises, un petit miroir sur la cheminée, tout ce qui est indispensable; mais le strict nécessaire et rien de plus, seulement tout cela est tenu avec un soin, une propreté qui en dissimulent en partie la pauvreté.

Dans le lit, une vieille femme est couchée; mais, auprès de la table, une jeune fille est assise et travaille à l'aiguille. Casimir demeure frappé d'étonnement à la vue de cette jeune personne, dont la mise est bien simple, bien modeste, mais dont la figure plaît sur le champ par l'expression douce et gracieuse de ses beaux yeux, par le charme de son sourire, enfin par ce sentiment, difficile à analyser, que l'on éprouve à la vue d'une personne qui vous est inconnue, mais qu'on se retourne pour voir encore longtemps lorsque le hasard nous la fait rencontrer.

— Pardon, mademoiselle, dit Casimir en se tenant contre la porte qu'il vient d'ouvrir. Je suis indiscret... Je vous dérange peut-être... Mais quoique habitant cette maison depuis plusieurs mois déjà, j'en connais peu les localités... Je cherche un individu qui loge au sixième étage à ce que m'a dit le portier, mais ce sixième étage je ne le trouve pas... je me demande par où l'on peut y arriver...

La jeune fille sourit en répondant :

— En effet, monsieur, quand on ne connaît pas bien ce carré, il est difficile d'apercevoir l'escalier qui conduit au-dessus… mais, tenez, là-bas au fond, le mur fait un angle, c'est derrière cet angle que vous apercevrez un escalier… ou plutôt une espèce d'échelle bien étroite qui mène au sixième étage… si vous étiez bien gros vous ne pourriez jamais y passer, tant c'est étroit !…

— Probablement le propriétaire n'a pas voulu que les locataires du sixième chargent trop sa maison, répond Casimir en riant.

— Oh ! il n'y a qu'un seul locataire… un homme qui est bien mal là haut !…

— Comme il paraît qu'il est toujours gris, il peut prendre son grenier pour un palais.

— Vous croyez, monsieur ?… Pauvre Rouflard ! mais il n'est pas toujours gris… heureusement il est plutôt gai quand il est à jeun que quand il a bu… Ah ! pardon, monsieur, ma grand'mère se retourne dans son lit… Je crois qu'elle veut quelque chose… pardon…

La jeune fille salue. Casimir comprend qu'il doit s'éloigner. Il remercie encore la jolie fille et referme la porte en se disant :

— Comment, j'avais une si charmante voisine, et je ne m'en doutais pas !… A Paris on loge des années dans la même maison et on ne connaît pas les personnes qui demeurent dans votre escalier... on ne les rencontre jamais !... C'est qu'elle est vraiment ravissante cette jeune fille... des traits doux et fins à la fois, de beaux yeux... des cheveux d'un noir d'ébène... une bouche aimable... quel délicieux modèle cela ferait... elle demeure chez sa grand'mère... elles n'ont pas l'air fortuné... il faudra que je m'informe. Voyons, cherchons l'escalier qui conduit chez monsieur Rouflard... Ah ! je crois que je l'aperçois... en effet, il est bien étroit !... c'est une échelle de meunier... jamais une crinoline ne passerait là.

Casimir grimpe l'escalier qui n'a pas de rampe, mais on est soutenu de chaque côté par la charpente. Il arrive sur une espèce de palier qui a trois portes ; deux sont toutes grandes ouvertes, celle du milieu est fermée, mais elle l'est simplement par un loquet. C'est nécessairement là que doit loger le monsieur qui s'était couché la veille dans la rue. Casimir tire le loquet, la porte s'ouvre et il demeure encore tout surpris du tableau qui s'offre à sa vue ; mais cette fois, ce n'est pas le ravissement que sa physionomie exprime.

Dans un grenier qui a douze pieds carrés et qui est éclairé par une lucarne à tabatière construite dans le toit, un homme est étendu sur un tas de paille, qui supporte une espèce de sommier fait avec des copeaux ; une couverture de coton, noire de saleté et trouée en plusieurs endroits, est tout ce qu'il a pour se couvrir ; absence totale de draps, une buche ronde lui sert de traversin, et, pour que cela soit moins dur à la tête, elle est recouverte de vieilles affiches de spectacles que probablement on a arrachées aux colonnes affectées aux théâtres. Celui qui couche là ne doit jamais se déshabiller entièrement, mais comme on est en été, il a pour le moment ôté son paletot et son gilet. Sur sa tête est une vieille casserole de ferblanc privée de sa queue : elle lui sert de bonnet de nuit.

Une chaise boiteuse est près de ce grabat, et sur cette chaise, qui sert de table de nuit, on a placé une mauvaise soupière de porcelaine fêlée, écornée en plusieurs endroits. Cette soupière qui a peut-être jadis contenu des potages savoureux, est réduite à un emploi bien humiliant !... *Sic transit gloria mundi !...*

Des vêtements sont épars çà et là dans ce taudis. Sur une planche fixée à la cloison, on voit quelques pots de pommade, un peigne, une chope, une bouteille, une pipe et un petit morceau de miroir.

Lorsque le jeune homme a ouvert la porte de ce réduit, celui qui est couché est endormi, sa figure est tournée du côté de la muraille, et l'arrivée de Casimir ne semble pas l'avoir réveillé ; aussi, ce dernier peut-il tout à loisir examiner l'endroit où il se trouve, c'est ce qu'il fait, car pour un peintre de genre, il y avait là le sujet d'un tableau original et curieux.

Mais après avoir passé tout en revue, ce qui ne pouvait pas être long, Casimir se décide à élever la voix pour réveiller le dormeur.

— Holà !... monsieur !... monsieur mon voisin ! ne pourrait-on pas vous dire deux mots ?

Rouflard se tourne à demi, en murmurant :

— Qu'est-ce qu'il y a ?... que me veut-on ?... je n'y suis pas !... fichez-moi la paix !... on ne peut donc pas dormir tranquille... dans cette bicoque !...

— Pardon, monsieur Rouflard, de vous avoir éveillé... mais il est dix heures passées, je croyais à cette heure vous trouver levé.

— Je me lève tard, moi, parce que ça me plaît... et que je n'ai rien de mieux à faire que de dormir... Ah ! si vous payez à déjeuner, c'est différent...

— Peut-être bien, mon voisin, si je ne vous offre pas à déjeuner, je puis vous donner de quoi en faire un très-convenable.

A ces paroles, Rouflard se retourne tout à fait, il se met sur son séant, ôte le fond de casserole qui lui sert de bonnet de nuit, se frotte les yeux, et s'écrie :

— Oh ! mais alors, c'est différent... voilà des paroles bien senties... tiens, je crois que je vous reconnais, jeune homme, vous êtes monsieur Casimir Dernold... et vous demeurez dans cette maison, au troisième...

— Justement... ah ! vous savez mon nom ?...

— C'est mon domestique qui m'a donné ces détails... Chausson, notre portier, qui fut autrefois mon scapin, mon frontin ! et qui voulait hier au soir me laisser coucher dans la rue ; car, je me rappelle à présent, que, sans vous, mon honorable voisin, c'était la porte cochère qui était la ruelle de mon lit !... Gredin de Chausson !

— Permettez, monsieur Rouflard, ce n'est point hier au soir, c'est cette nuit que tout cela est arrivé, car il était plus de deux heures du matin quand je suis rentré...

— Eh bien ! quand il en aurait été quatre ?... Est-ce que les gens distingués, les gens du monde se couchent comme les poules !... Je n'ai plus de quoi aller souper à la Maison-d'Or, c'est vrai, mais je puis toujours me promener sur le boulevard des Italiens tant que ça me fait plaisir !... et Chausson est un cuistre !... mais il se venge de quelques gourmades que je lui administrais jadis... Ah ! voilà bien les hommes !... pour connaître leurs vices, donnez leur la richesse. Je crois que c'est *Larochefoucauld* qui a dit cela, ou quelque chose d'équivalent.

— Monsieur Rouflard, vous avez de l'instruction... comment se fait-il que vous n'ayez pas trouvé à vous occuper convenablement ?

— M'occuper ! m'occuper... Ah ! il est charmant le voisin !... c'est parce que je n'ai jamais voulu m'occuper que je couche aujourd'hui sur la paille !... Mais ne récriminons pas ! vous m'avez parlé de me donner de quoi déjeuner, cela m'arriverait à merveille, car je n'ai pas le sou et en revanche j'ai beaucoup d'appétit; ajoutez à tout cela que je n'ai plus de crédit nulle part !...

— Mais si vous ne voulez pas vous occuper, vous refuserez peut-être ma proposition ?...

— C'est selon ! si ce n'est pas trop fatigant...

— Oh ! pas du tout, il s'agirait de me servir de modèle, de venir poser chez moi pendant quatre ou cinq heures...

— Poser... pour la tête ?

— Naturellement, oh ! je ne veux que votre buste, la tête et les mains.

— Bravo ! ça me va ! oh ! cela me va beaucoup... poser ! c'est mon élément ! autrefois je faisais poser les autres... et *vice versa !*... quand voulez-vous commencer !

— Aujourd'hui même, ce matin, si vous le pouvez ?...

— Je puis toujours... seulement...

— Seulement, il faut que vous déjeuniez, je comprends cela ! Tenez, voilà dix francs d'avance sur vos poses ; allez déjeuner, puis revenez chez moi, je vais préparer ma palette...

Rouflard s'est levé lestement, il reçoit les dix francs d'un air radieux et passe sur-le-champ son gilet et son paletot en disant :

— Il y a longtemps que je n'ai eu un aussi joli réveil-matin... Nous allons nous permettre un peu de pommade à la vanille... pour faire honneur à notre peintre..

— Oh! ne faites pas de frais de toilette pour moi... je vous trouve très-bien comme vous êtes.

— Vous avez bien de la bonté !... ah ! si vous m'aviez connu jadis, dans mon beau temps ! c'est alors qu'on se disputait mon portrait et ma personne, mais autre temps, autres soins !...

— Pardon, monsieur Rouflard, une autre petite question, qui va peut-être vous paraître indiscrète...

— Allez-y gaiement, je suis sans façon, moi !

— Vous avez dit tout à l'heure que vous n'aviez pas le sou, et qu'on ne voulait plus vous faire crédit nulle part... si vous n'aviez pas eu ma visite ce matin, comment donc auriez-vous déjeuné !...

— Comment ? ah ! oui, je conçois que cela vous semble difficile à résoudre !... c'est que vous ignorez qu'il y a un ange dans cette maison...

— Un ange ?

— Oui, monsieur.

— Dans la maison ?

— Oui, dans ce même escalier... je ne parle pas de l'échelle qui conduit à ce galetas... mais au-dessous, au cinquième, dans une chambre bien modeste... mais qui a l'air d'un palais auprès de ce taudis, habite une jeune fille qui peut avoir dix-huit ans, je pense, et une vieille femme qu'elle appelle sa grand'mère. La jeune fille se nomme Lise... la petite Lise, voilà comment tout le monde la désigne;-elle est fort petite, c'est vrai, mais si bien faite, si gracieuse... et une figure !... à croquer ! ah! j'en ai vu de toutes les couleurs dans mon beau temps !... et des femmes qui avaient la vogue... qui voyaient à leurs genoux tout ce qu'il y avait de mieux sur le turf !... Eh bien, je le dis franchement, la petite Lise vaut mieux que tout cela...

— J'ai aperçu tout à l'heure cette jeune fille, c'est à elle que je me suis adressé pour trouver votre échelle... elle m'a semblé très-gentille, en effet.

— Gentille!... oh ! c'est pas assez... elle est plus que gentille! et puis un cœur!... une obligeance!... quand je suis à sec, comme je vous le disais tout à l'heure, c'est elle qui vient à mon aide... Un jour, je m'étais arrêté devant sa porte, qui était ouverte, j'avais faim, et je me hasardai à lui dire : Ma voisine, vous n'auriez pas un croûton de pain à me faire cadeau... je n'en ai pas chez moi... « Vous avez faim, monsieur? s'écria-t-elle, » et aussitôt elle courut à son buffet me chercher du pain et un petit morceau de fromage, qu'elle me présenta, en me disant : « Tenez, je ne puis pas faire mieux, quant à du vin, je n'en ai pas... » — Oh ! c'est bien assez, lui dis-je, et vous êtes mille fois trop bonne!» Elle ajouta : « Quand vous manquerez de pain, venez m'en demander, ne vous gênez pas... il nous en faut si peu pour moi et ma grand'mère, que j'en ai toujours de reste. » Voilà, monsieur, pourquoi j'appelle cette jeune fille un ange, vous voyez que j'ai raison... je tâche de ne point abuser de sa bonté... mais quelquefois... trop souvent encore, je suis forcé d'y avoir recours... que voulez-vous, il paraît qu'il était dans ma destinée d'être aux crochets des femmes ; aussi j'appelle la petite Lise, mon amoureuse... Mais cette fois c'est en tout bien, tout honneur !... je respecte cette jeune fille, autant que je l'aime... je fais mieux, j'écoute ses conseils... elle me gronde quelquefois quand je rentre gris...

— Mais, vous ne suivez pas ces conseils.

— Non, c'est vrai... car je m'étais encore grisé hier... que voulez-vous ! la force de l'habitude... Aussi, quand je suis ivre, il n'y a pas de danger que je m'arrête pour causer avec Lise... pauvre petite ! sa bonté pour moi st d'autant plus méritoire, qu'elle travaille sans relâche pour nourrir sa grand'mère paralytique... quelquefois à minuit, une heure du matin, je l'entends qui travaille encore... et je lui crie : ma voisine ! vous veillez trop tard... prenez donc du repos... vous vous rendrez malade de tant travailler ; elle me répond gaiement : « Non, non !... c'est mon plaisir à moi de coudre... d'ailleurs, je n'ai pas envie de dormir... » C'est drôle, vraiment, que dans une toute petite femme il y ait quelquefois plus de courage au travail que dans cinq ou six gaillards comme moi !...

Casimir a écouté bien attentivement tout ce que Rou

flard lui a dit de la petite Lise. Cela lui donne encore à réfléchir. Mais Rouflard qui a fini sa toilette et fait sonner les dix francs qu'il a dans sa main, lui dit :

— Pardon, mon cher voisin, mais la faim me relance... je ne vous mets pas à la porte... vous êtes libre de rester dans ce grenier si cela vous amuse, moi, je vous demande la permission d'aller me restaurer.

Et, sans attendre la réponse du jeune homme, Rouflard sort et dégringole vivement son échelle, écoutant à peine Casimir, qui lui crie :

— Dans une heure... chez moi... ne l'oubliez pas !...

## VIII

#### ON FAIT CONNAISSANCE.

Casimir descend l'escalier, ou plutôt l'échelle, après le locataire du grenier, il va doucement, prend son temps, non pas qu'il ait peur de tomber, mais parce qu'il est tout préoccupé de ce que Rouflard lui a conté sur la petite fille qui demeure au cinquième, qui travaille toute la nuit pour nourrir sa grand'mère, et trouve encore le moyen d'être utile à ceux qui manquent de pain.

Arrivé sur le palier du cinquième, le jeune homme s'arrête devant la porte de mademoiselle Lise, il aurait bien voulu que cette porte fût ouverte, mais elle ne l'est pas... à la vérité, la clef est encore dans la serrure, qui annonce que l'on ne craint pas d'être dérangé.

Casimir meurt d'envie de revoir cette jeune fille dont on lui a fait un si grand éloge; il se dit que tout à l'heure il ne l'a pas assez remerciée pour le renseignement qu'elle lui a donné, il se dit encore qu'entre voisins on peut agir sans trop de cérémonie, que d'ailleurs cette petite Lise se donne beaucoup de peine pour gagner de l'argent avec son aiguille, et que s'il peut lui être utile et lui procurer de l'ouvrage, ce sera un service qu'il lui rendra. Enfin il se donne une foule de raisons pour avoir le droit d'ouvrir la porte, et c'est ce qu'il fait.

La petite Lise travaillait, mais elle ne chantait plus, sa jolie figure était triste, elle portait surtout ses regards vers le lit dans lequel la vieille femme était couchée, puis elle poussait un profond soupir. En voyant de nouveau Casimir entrer chez elle, ses traits expriment la surprise, mais, au moment où il va parler, elle met un doigt sur sa bouche, en lui disant à demi-voix :

— Tout bas!... ne parlez pas haut, s'il vous plaît... car ma grand'mère dort... et il ne faut pas la réveiller... elle a été très-malade cette nuit...

Casimir entre en marchant avec précaution, et murmure en s'approchant de la jeune fille :

— Mon Dieu, mademoiselle, je suis sans doute très-indiscret de venir une seconde fois vous déranger... mais... je ne sais pas si je vous ai dit que j'étais votre voisin...

— Oui, monsieur, vous me l'avez dit... d'ailleurs, je le savais... je vous ai aperçu quelquefois dans la maison...

— Vous m'avez aperçu... et moi qui ne vous ai pas vue... où avais-je donc les yeux!...

— Oh! monsieur, c'est que j'étais chez le concierge... et d'ailleurs, je tiens si peu de place... on peut bien ne pas me voir...

— Mais quand on vous a vue une fois, mademoiselle, il est impossible qu'on ne désire pas vous revoir encore...

La petite Lise ne répond pas à cela, mais elle regarde vers le lit; Casimir comprend que le moment est mal choisi pour lui adresser des compliments; et que d'ailleurs, ce n'est pas pour lui faire la cour qu'il veut faire la connaissance de sa petite voisine, mais dans le désir de lui être utile; est-ce bien là véritablement son seul but ? C'est ce dont je ne répondrais pas, mais c'est déjà quelque chose que de se promettre d'être sage. Il reprend donc en parlant bien bas et en s'asseyant sur une chaise qui est près de lui :

— Pardon, ma voisine, je vais vous parler franchement et j'espère que dans mes paroles vous ne verrez rien qui puisse vous offenser. J'ai appris par la personne qui loge au-dessus de vous, avec quelle ardeur vous vous livrez au travail, pour que votre grand'maman ne manque de rien... mais le travail d'une femme est souvent peu rétribué... je serais bien heureux si je pouvais vous offrir le moyen de gagner plus... en vous fatigant moins...

— Par quel autre travail, monsieur, moi je ne sais que coudre, broder et faire du feston... ou des reprises.

— Je vais m'expliquer, mademoiselle, je suis peintre; j'ai essayé quelques petits tableaux de genre, mais on gagne plus d'argent à faire le portrait; pour cela, je ne suis pas encore très-fort, j'ai besoin d'étudier, de beaucoup travailler... enfin j'ai besoin surtout de peindre d'après nature, et pour cela il me faut des modèles... J'ai remarqué que ce Rouflard avait une tête caractéristique, c'est pourquoi je suis allé le voir ce matin. Je lui ai proposé de venir poser chez moi... il a accepté avec joie, et je pourrai l'occuper assez longtemps. Mais vous, ma jeune voisine, vous qui avez une tête charmante... ah! pardonnez-moi ce compliment, c'est comme artiste que je vous l'adresse... je serais bien heureux si je pouvais rendre sur la toile vos traits si fins, si doux. Oh! je suis certain que j'y réussirais !... on travaille si bien quand on a devant les yeux un modèle qui nous charme... je ne vous demanderai de poser que lorsque vous n'aurez rien de pressé à faire... je prendrais votre heure... votre temps... et je ne croirais jamais payer assez cher les séances que vous voudriez bien me donner... voilà pourquoi je me suis permis d'ouvrir encore votre porte et de me présenter de nouveau devant vous. Si ma proposition vous déplaît, j'espère au moins, mademoiselle, que vous n'y verrez de ma part aucune mauvaise intention.

La petite Lise a écouté Casimir avec beaucoup d'attention. Elle lui répond aussitôt :

— Non, monsieur, je ne prendrai pas en mauvaise part votre proposition. Vous avez su par monsieur Rouflard que je travaille pour vivre, pour faire en sorte que ma bonne maman ne manque de rien, et vous avez désiré m'être utile, je ne puis que vous remercier beaucoup de l'intérêt que vous voulez bien prendre à moi. Mais je n'accepte pas votre proposition, poser pour des peintres, ce n'est pas mon état cela, monsieur, et j'ai entendu dire... par mon voisin d'au-dessus, que celles qui consentaient à servir de modèles, n'étaient pas bien regardées dans le monde... Je suis une pauvre fille sans appui, sans famille... je n'ai donc plus pour tout bien que ma réputation, et je dois tenir à la conserver... j'ai raison, n'est-ce pas, monsieur ?

Ces paroles si simples, mais si justes font une vive impression sur Casimir, qui n'a pas l'habitude d'entendre une femme lui parler raison. Cependant il essaye de convaincre Lise.

— Mademoiselle, je conviens que le métier de modèle ne donne pas à une femme une parfaite réputation de sagesse, bien que dans tous les états on puisse se bien conduire lorsqu'on en a la ferme volonté. Mais aussi je ne venais pas vous proposer de renoncer à vos occupations habituelles pour cette nouvelle carrière. Je vous demandais de poser pour moi seulement, de me permettre de retracer vos traits sur la toile, c'était une faveur que je sollicitais... et pour vous, une courte distraction à vos travaux... venir poser chez moi, pouvait vous paraître inconvenant. Eh bien, je serais venu peindre ici, j'y aurais apporté ma toile et ma palette; de cette façon, vous n'auriez même pas un instant quitté celle à qui vous prodiguez tous vos soins... Les modèles se payent fort cher... excusez-moi de mêler la question d'argent à tout ceci; mais, dans la vie, on est forcé d'y revenir, si j'en occupe un pendant une dizaine de séance, je serais fort heureux s'il se contente de recevoir cinquante francs...

— Oh ! mon Dieu !... tant que cela, pour ne faire que prêter son visage !...

— Oui, mademoiselle; et plus le modèle est joli, plus il se fait payer cher, cela se comprend. Aussi, pour en trouver un comme vous... d'abord ce serait bien difficile, ensuite il me faudrait le payer un prix bien plus élevé... et mes moyens ne me permettent pas une si grande dépense. Vous voyez, mademoiselle, qu'en acceptant ma demande, c'était moi que vous obligiez, c'était moi qui vous devais des remerciments... mais cela vous déplaît, n'y pensons plus...

Lise hésite cette fois pour répondre; enfin elle murmure :

— Je regrette de ne pas pouvoir vous être agréable; il me semble cependant qu'il ne doit pas être difficile de trouver une figure qui vaille bien la mienne. Tenez, monsieur, je ne connais guère le monde, mais je crois que le ciel m'a donné le secret de lire dans la pensée des autres, vous désirez m'être utile et vous tâchez de me persuader que c'est à vous que je rendrais service... Ah ! c'est bien généreux de votre part... convenez que j'ai deviné ?

Casimir est tout surpris de la perspicacité de cette jeune fille. Il ne peut s'empêcher de sourire, en balbutiant :

— J'avoue que vous m'étonnez, mademoiselle ; votre langage annonce plus d'éducation qu'on n'en reçoit ordinairement dans la position précaire où je vous vois... vous n'avez plus de parents que cette pauvre malade, dites-vous; mais ceux que vous avez perdus occupaient donc une position plus fortunée... pardon, je suis trop curieux, peut être ?

— Oh ! monsieur, je n'ai pas de raison pour m'entourer de mystères !... mes parents, je ne les ai jamais connus... ils m'ont abandonnée de bonne heure aux soins d'une nourrice, puis ensuite oubliée tout à fait.

— Il se pourrait... pauvre petite ! mais cette vieille femme qui est là ?...

— Je l'appelle ma grand'mère, mais elle ne m'est de rien ; elle était seulement la mère de ma nourrice. Celle-ci se nommait Catherine Vauger ; elle m'aimait bien, et redoutait le moment où il faudrait se séparer de moi pour me rendre à ma famille ; elle fut donc bien contente lorsqu'on lui envoya une grosse somme, en lui disant : Quittez votre village, gardez l'enfant, au lieu du nom qu'elle porte, appelez-la *Lise*, pas autrement, mais allez vous fixer à Paris, à l'adresse ci-jointe, établissez-vous, faites un petit commerce, on aura soin de vous dédommager de ce que la petite vous coûtera. Ma nourrice venait de perdre son mari. Elle partit pour Paris, emmenant avec elle sa mère... qui est là, dans ce lit... Pendant quelque temps elle reçut par la poste de l'argent pour moi, puis tout d'un coup cela cessa, on n'entendit plus parler de rien !...

— Mais votre nourrice savait sans doute le nom de la femme qui lui écrivait ?...

— Non, les lettres n'étaient pas signées... on ne lui avait même jamais dit le nom de ma mère...

— C'est tout un roman !...

— Ma bonne nourrice s'en inquiéta peu, elle avait entrepris un petit commerce de laitage qui allait bien. Quand j'eus six ans, elle m'envoya à l'école ; puis, un peu plus tard en demi-pension, car elle ne voulait jamais se séparer de moi plus d'une demi-journée... Chère nourrice! elle m'aimait... plus qu'une mère! puisque la mienne m'avait abandonnée. Nous vécûmes ainsi bien heureuses pendant quelques années : mais il y a quatre ans, la bonne Catherine tomba malade, et malgré tous mes soins elle mourut... j'avais à peine quatorze ans... et cependant ma nourrice me recommanda sa vieille mère, car elle me connaissait, elle savait que j'avais du courage, et la ferme volonté de reconnaître par mon travail tout ce qu'on avait fait pour moi. Pendant les premiers temps nous fûmes obligées pour vivre, ma grand'mère et moi, de vendre l'établissement tenu par ma nourrice. Je cherchais de l'ouvrage, je n'en pouvais pas obtenir, on me trouvait trop jeune pour m'en confier, et quand ma bonne grand'mère en demandait, on la trouvait trop vieille... Enfin, le ciel est venu à notre aide et j'ai pu gagner notre vie. Mais il y a un an, ma pauvre compagne est devenue à demi paralysée... vous voyez bien, monsieur, que j'ai raison de travailler sans relâche et de veiller sans cesse sur celle qui n'a que moi pour la soigner.

— Ce que vous venez de me dire, mademoiselle, n'a fait qu'augmenter l'intérêt que vous m'inspiriez... et... pardonnez, si j'y reviens encore, le désir que j'éprouve de vous être utile .. Pauvre petite abandonnée par ses parents... qui, peut-être, vivent dans l'aisance et peuvent goûter toutes les jouissances que procure la fortune, tandis que vous...

— Oh! monsieur, je vous assure que je ne pense jamais à cela... je ne regrette que ma nourrice, ma seule mère, celle-là!... et qui m'aimait tant!... je n'en veux pas du tout à mes parents de m'avoir laissée avec elle... A coup sûr, ils ne m'auraient pas mieux soignée.

— Vous avez de la philosophie, je vous en félicite; d'autres, à votre place, se créerait des chimères.

— Oh! pas moi!... je ne pense qu'à mon ouvrage...

— Et vous refusez toujours de me prêter votre jolie figure, quand je vous propose de venir ici chez vous faire votre portrait...

— Certainement, de cette façon-là... c'est beaucoup plus convenable... mais c'est égal... non, je ne veux pas poser...

Casimir soupire et se lève en disant :

— Allons, je vois bien que rien ne peut vaincre votre répugnance. Je ne dois pas insister davantage; mais cependant, si par hasard vous changiez d'avis, je serai toujours tout prêt avec ma toile et mes pinceaux, et vous n'auriez qu'un mot à dire pour me voir accourir...

— Je vous remercie, monsieur...

— D'ailleurs, si vous le permettez, je viendrai moi-même m'informer de la santé de votre vieille malade... vous le voulez bien, n'est-ce pas, mademoiselle ?...

La petite Lise rougit, elle hésite, mais cette demande lui était faite d'un ton si doux... ce jeune homme lui a témoigné tant d'intérêt, il se montre si respectueux, si poli... et puis ce n'est pas un premier venu, il demeure dans la maison et le concierge n'en a jamais dit que du bien ; tout cela décide la jeune fille à prononcer un : oui, monsieur, qui comble de joie celui qui l'entend. Alors Casimir remercie encore sa voisine de la permission qu'elle vient de lui accorder, puis il prend congé d'elle et s'éloigne à petits pas, sans faire de bruit, si bien que la malade ne s'éveille pas.

Casimir est rentré chez lui, il se sent maintenant rempli d'ardeur pour le travail ; il dispose sa toile, prépare sa palette. Les bons exemples font bien plus d'effet que les bons conseils, il y a la différence de la pratique à la théorie : on écoute souvent avec indifférence, et parfois on oublie ce qu'on a entendu ; mais on n'oublie pas ce qu'on a vu. Le proverbe a raison, qui dit : Un œil vaut mieux que dix oreilles.

Le jeune peintre attend impatiemment l'arrivée de M. Roufflard pour se mettre au travail ; mais le temps se passe et le modèle ne vient pas Casimir commence à penser qu'il a eu tort de payer d'avance le locataire du grenier, qui est capable de manger tout ce qu'il a reçu, avant de penser à tenir sa promesse.

8.

Mais bientôt un grand bruit de voix se fait entendre; on crie, on se dispute sur le carré, et la voix de Rouflard couvre souvent les autres. Casimir veut savoir ce qui se passe, il court ouvrir sa porte et voit sur son carré la famille Proh aux prises avec son futur modèle.

Les époux Proh paraissent être très-exaltés; Rouflard n'est qu'un peu gris.

— Oui, monsieur, crie le grand homme sec, qui, en effet, a un peu de ressemblance avec un mandril... j'aurais le droit de vous faire venir en correctionnelle pour ce que vous avez écrit sur ma porte...

— Ah ! vous me faites rire avec votre correctionnelle... faites m'y donc aller... ça m'amusera...

— Ou tout au moins chez le juge de paix ! dit Céleste Proh, car vous m'avez insultée, monsieur, en m'appelant madame Profanée !...

— Insultée ! diable ! vous êtes difficile !... je vous compare à une fleur... Quand une fleur n'est plus fraîche, on dit : elle est fanée... je vous accorde d'être une rose fanée... et cela vous fâche... j'aurais pu mettre : madame Problème... madame Profile... un vilain coton..

— Taisez-vous, insolent !... mon voisin, je vous en fais juge : vous avez sans doute lu ce que cet homme avait écrit sur notre porte avec de la craie ?...

— Ma foi, non, madame, je n'y ai pas fait attention...

Le petit garçon se met à crier :

— Il y avait : Mademoiselle *Pronobis*, madame Profande...

— Taisez-vous, Alphonse, il est inutile de répéter ces vilaines choses, puisque monsieur ne les a pas lues...

— Monsieur Professe... moi, je suis le petit Propice...

— Mais, silence donc, Phonphonse !... rentrez chez nous...

— Non, je ne veux pas rentrer, moi...

— Et pourquoi avez vous mis : monsieur Professe?... Qu'entendez-vous par cette locution ? s'écrie le faux mandril avec colère...

— Ce que j'entends ?... ah ! elle est bonne celle-là !... Parbleu, ce n'est pas difficile à deviner !... après ça !... cela ne vous arrive peut être plus !...

— Monsieur, j'aurais raison de toutes ces offenses!...

— Vous voulez que je vous rende raison ?... je ne demande pas mieux... un duel !... ça me botte, je vous enverrai tantôt mon domestique, vous réglerez avec lui les conditions du combat... je prendrai l'arme que vous voudrez... ça m'est égal !... je me bats avec tout ce qu'on veut... mais l'épée est l'arme des gens distingués...

— Qu'est-ce que c'est ?... un duel !... cet homme me propose un duel, je crois... quelle impudence !... oser croire que j'irai me mesurer avec lui !...

— Vous mesurer, cher ami. Oh ! pas avec un mètre !... vous êtes une grande perche... moi, je n'ai que trois pouces et demi, vous auriez trop d'avantage ! mais Chausson, mon ancien groom, nous prêtera deux sabres de garde national... ou deux manches à balai, à votre choix... ça y est-il, monsieur Pro... rata ?

— Monsieur Casimir, je vous en prie, dites à cet homme de se taire... si non, je ne réponds pas de ce qui va se passer...

— Ne fais pas ton fendant, Professeur !... ou je te cogne...

— Monsieur Rouflard, vous avez trop bien déjeuné, cela se voit... ce n'est pas ça que vous m'aviez promis.. vous oubliez que vous devez venir poser chez moi, et que je vous attends depuis longtemps...

— Ah ! c'est vrai... c'est juste... pardon, excuse, mon peintre... j'allais chez vous... pourquoi ces gens-là m'ont-ils barré le passage...

— Monsieur Proh, et vous, madame, j'espère que vous ne prendrez pas au sérieux les plaisanteries que cet homme s'est permises... il boit quelquefois pour oublier sa misère, il faut être indulgent pour les malheureux... je vous promets, moi, qu'il ne recommencera plus...

— Ah ! monsieur Casimir, c'est bien à cause de vous !...

— Allons, Rouflard, venez poser...

— Je vous suis, mon *Michel-Ange*... mon *Raphaël*... famille Proh!... nous nous reverrons...

— Venez donc, Rouflard, venez donc!...

— Allons poser... *Pro deo et patria!*... ah! c'est gentil! ça!... *pro deo*.

Casimir a fait entrer son modèle chez lui, et la famille Proh quitte aussi le carré, après avoir eu soin d'effacer ce qui restait de blanc sur la porte.

## IX

#### UNE CUILLÈRE D'ARGENT.

Ce n'est pas sans peine que le jeune artiste parvient à obtenir de son modèle qu'il se laisse mettre en place, et surtout qu'il ne bouge pas une fois que sa pose est adoptée. Enfin Rouflard se calme, d'ailleurs Casimir lui permet de causer, et il use de la permission. L'ancien séducteur est devenu très-loquace en vieillissant; il aime à parler de ses triomphes passés et il entremêle ses souvenirs de réflexions qui sont parfois piquantes. Rouflard ne manque pas d'esprit, cet homme avait tout ce qu'il faut pour faire son chemin dans le monde, et ce sont tous ses avantages qui l'ont perdu.

Casimir écoute son modèle lui raconter ses triomphes près des dames, mais il amène bientôt la conversation sur un sujet qui l'intéresse davantage. C'est de la jeune fille du cinquième qu'il est bien aise d'entendre parler :

— Monsieur Rouflard, y a-t-il longtemps que vous logez dans la maison ?...

— Vous êtes bien honnête de dire loger, mon Raphaël, c'est nicher, c'est percher qu'il faudrait dire... enfin, n'importe, il y a déjà six mois que j'occupe ce grenier... et j'avoue que je n'ai jamais eu envie d'y chanter : *Dans un grenier, qu'on est bien à vingt ans !*... il est vrai que je n'ai plus vingt ans... mais je les aurais que je ne serais jamais de l'avis de *Béranger*. Mais bath !... les poëtes !... quand la pensée est originale, ça suffit !... ils se moquent bien de la vérité !...

— Et quand vous êtes venu habiter là haut, la petite Lise y demeurait-elle déjà avec sa grand'mère ?

— Oui, elle y était déjà, mais depuis peu de temps seulement, à ce que je lui ai entendu dire.

— Vous êtes à même de savoir quand cette jeune fille reçoit ses visites.

— Des visites !... chez Lise ?... oh ! jamais !... jamais la petite voisine n'a reçu, à ma connaissance, personne du dehors. Une fois ou deux, seulement, madame Proh y est montée avec son tortillard, c'était pour donner de l'ouvrage à Lise. Le petit môme ne cessait pas de crier : ah ! que c'est vilain, ici !... et, comme il voulait taquiner la vieille grand'mère, Lise l'a mis à la porte. Quant à madame Pro-tocole, elle ne cessait de dire à la jeune fille : je ne puis pas payer cela douze sous... c'est trop cher... je ne veux donner que dix sous. Si bien que Lise a fini par lui répondre : vous me donnerez ce que vous voudrez, madame. Pauvre petite !... marchander pour deux sous ! à quelqu'un qui travaille jour et nuit pour faire vivre sa vieille mère !... c'est bien digne de madame Profanée !

— Tournez la tête un peu plus à gauche... très-bien... tâchons de conserver cette pose...

— Etes-vous content de moi, monsieur ?

— Oui... vous ne posez pas mal... cela ira...

— Est-ce que vous faites mon portrait avec l'idée de l'envoyer à l'exposition ?

— Mais peut-être... si cela venait très-bien.

— En tout cas, vous me le direz, n'est-ce pas, monsieur, parce que je ne serais pas fâché d'aller me voir...

— Oui, oui... mais nous n'en sommes pas là... savez-vous, Rouflard, qui je serais content d'avoir pour modèle...

— Pardieu ! je gage que je le devine !... c'est la petite Lise que vous voudriez peindre !...

— Vous l'avez dit, oui, j'aurais un grand plaisir à retracer les traits charmants de cette jeune fille !...

— Eh bien, qui vous en empêche ?

— J'ai demandé à mademoiselle Lise si elle consentirait à me laisser faire son portrait, elle m'a refusé !

— Ah! elle vous a refusé!... Je gage que c'est pour ne pas laisser sa grand'mère seule si longtemps.

— Mais comme j'avais compris cela, je lui ai proposé de me rendre chez elle avec ma toile et ma palette, elle aurait donc posé sans s'éloigner un moment de sa pauvre malade.

— Tiens! c'était gentil de votre part, cela! et elle a encore refusé?

— Oui, elle a toujours refusé. J'en suis doublement fâché, parce que... cette petite Lise se donne beaucoup de peine pour gagner très-peu...

— Je crois bien!... surtout si elle travaille pour la Proh... Ah! Lapereau!... il est pas mauvais celui-là!... il faudra que je m'en souvienne...

— Tandis qu'en consentant à poser, elle aurait gagné bien plus... et sans même que cela lui fît quitter son ouvrage habituel... cela lui aurait procuré quelques petites douceurs... elle aurait pu acheter pour sa malade des choses que, faute d'argent, elle ne peut lui offrir... Est-ce que je n'avais pas raison, Rouflard?

— Vous aviez cent fois, mille fois raison!... et je ne comprends pas qu'elle vous ait refusé!...

— Ah! cette jeune fille a peur de se compromettre, et elle a entendu dire que les femmes qui posent pour les peintres n'ont pas une bonne réputation...

— Ce ne sont pas ordinairement des Vestales! mais

est-ce qu'il faut s'inquiéter de tout cela, lorsqu'on a besoin de travailler pour vivre... Lise porte trop loin sa susceptibilité !... soyez tranquille, mon peintre, vous n'avez que de bonnes intentions, vous ne voulez que rendre service à la petite, tout en faisant vous-même une jolie étude... en allant la peindre chez elle devant sa grand'mère, vous ôtez tout prétexte aux mauvaises langues... je ferai comprendre cela à ma bonne petite voisine et je suis persuadé que je la déciderai à vous laisser croquer sa figure !...

— Vraiment, Rouflard, vous croyez que vous vaincrez sa résistance...

— Oui, certes ! j'en ai vaincu bien d'autres... Triompher des femmes, c'était mon état !... à la vérité, j'employais pour cela des moyens dont je n'userai pas avec la petite Lise, mais il me reste mon éloquence et le désir, que j'ai aussi, moi, d'être utile à celle qui ne m'a jamais refusé un morceau de pain... ce sera peut-être la première fois que j'aurai rendu service à une femme... ça me vengera.

Pour la première séance, Casimir ne veut pas trop fatiguer son modèle, et au bout de deux heures, s'apercevant que Rouflard commence à éprouver des inquiétudes dans les jambes, il lui dit :

— En voilà assez pour aujourd'hui.

— Vraiment, monsieur, vous me rendez ma liberté...

eh bien, ça me botte, car je commençais à ressentir comme des crampes dans les mollets... défaut d'habitude, voyez-vous, mais ça se fera... faudra-t-il poser demain ?

— Oui, sans doute, est-ce que cela vous effraye ?

— Non pas, au contraire, je crois même que j'y prendrai goût. Gagner de l'argent comme cela, ce n'est pas difficile... oh ! il faudra que la petite voisine y vienne... d'autant plus que cela la mettrait à même de faire grand plaisir à sa grand'mère, je suis étonné même qu'elle n'y ait pas songé...

— Comment cela... expliquez-vous mieux, Rouflard, en quoi la petite Lise aurait-elle fait plaisir à sa pauvre paralysée ?

— Vous allez tout de suite saisir la chose. En causant quelquefois avec moi... car j'aime beaucoup à causer, surtout avec les jolies filles, c'est un reste de ma jeunesse... *desenit in piscem*... oh ! je savais le latin aussi !... mais avec les femmes, je l'ai oublié, elles n'aiment pas les langues mortes !!!!

— Revenez donc à Lise...

— C'est juste... j'aurais pu faire un assez bon avocat, parce que je soigne les détails... or, voilà : en causant, ma petite voisine m'a dit quelquefois : « Ah ! si je pouvais amasser, mettre un peu de côté... il y a quelque chose qui ferait bien plaisir à ma grand'mère, et que je voudrais pouvoir lui offrir... mais je ne peux jamais y arriver !... » « Qu'est-ce donc, lui dis-je, dont votre vieille mère a tant envie ? » « C'est, me répondit-elle, une cuillère d'argent, car elle en avait une belle autrefois, du vivant de ma nourrice, mais après sa mort, quand nous avons été longtemps sans que je trouve de l'ouvrage, il a fallu petit à petit vendre ce que nous possédions, et la belle cuillère y a passé. Aujourd'hui nous parvenons à vivre, mais je ne puis amasser de quoi acheter une autre cuillère en argent ; et encore moins maintenant, que le médecin ordonne quelquefois des potions, des remèdes qui sont chers !... mais la santé avant tout... cela vaut mieux qu'une cuillère d'argent !... »

— Vous avez raison, Rouflard, en posant pour moi, cette jeune fille aurait bientôt gagné de quoi acheter ce qu'elle désire offrir à sa grand'mère...

— A moins que le médecin n'ordonne encore quelque sirop ruineux... alors, tout l'argent y passerait ! car Lise ne lésine pas quand il s'agit de soulager la pauvre malade... mais c'est égal, je lui parlerai... à demain, monsieur, est-ce à la même heure.

— Plus tôt, à dix heures précises.

— L'heure que vous voudrez... je suis libre comme le hanneton ! ah ! voulez-vous me permettre de regarder un peu ce que vous avez fait ?

— Oui... voyez !

— Tiens... c'est déjà pas mal... je ne sais pas peindre, moi, mais j'ai eu la réputation de me connaître en tableaux... et dans le temps de mes succès, j'ai quelquefois acheté de petits tableaux de genre... et j'ai toujours gagné dessus.

— Eh bien alors, Rouflard, regardez donc cette petite vue prise à Bougival... que je n'ai pas encore terminée tout à fait...

— Voyons... oh! c'est joli cela!... c'est riant, c'est vivant!... monsieur, vous êtes coloriste, ce que ne sont pas toujours des peintres qui ont cependant beaucoup de talent... ce que je vous dis là, n'est pas pour vous adresser un banal compliment... vous avez le sentiment de la couleur... soignez ce petit tableau... tenez, autrefois, j'aurais payé cela trois cents francs, et j'aurais ensuite gagné dessus...

— Allons, puisque cela vous semble bien, je vais finir ce petit paysage... je ferais peut-être mieux le tableau de genre que le portrait... n'importe, j'essaierais des deux..., à demain, Rouflard.

— Oui, monsieur, et je ne déjeunerai qu'après la séance, afin de poser avec plus de dignité.

Le modèle est parti. Casimir laisse là la tête de Rouflard et se met à son paysage, il travaille avec une ardeur qui l'étonne lui-même, mais il prend goût à son ouvrage, il en cherche avec soin les défauts, il en améliore plusieurs parties, le temps passe vite quand on se livre à un travail qui plaît ; Casimir entend sonner quatre heures et se dit :

— Il n'est pas possible qu'il soit déjà cette heure là... ah ! mon Dieu ! et Ambroisine que je devais aller prendre à trois heures pour aller promener au bois... encore une scène que j'aurai à essuyer... pourquoi ai-je laissé cette femme disposer ainsi de mon temps !... pourquoi? parce que j'ai été un paresseux, un lâche... parce que la moindre occupation me faisait peur... et aujourd'hui j'ai infiniment plus de plaisir à travailler à ce tableau, qu'à me promener au bois... ah ! c'est que je pense à cette petite Lise qui ne se donne aucune distraction, qui travaille constamment dans une chambre où elle n'a pour compagnie qu'une vieille femme paralysée, et cela me rend honteux d'avoir ainsi vécu dans l'inaction. J'ai encore devant les yeux la situation de Rouffard... cet homme aussi a été fêté, choyé par les femmes... il a vécu à leurs dépens... et je vois où cela mène... son exemple ne sera pas perdu pour moi... Madame Montémolly se fâchera si elle le veut, mais désormais je travaillerai... j'y suis bien décidé... en attendant comme il faut toujours être poli avec les dames, allons la trouver... sans quoi, elle serait encore capable de venir ici pour savoir ce que j'y fais.

Casimir se rend chez la superbe Ambroisine. Cette dame est de fort mauvaise humeur, depuis plus d'une heure sa toilette était terminée et elle ne voyait pas arriver son amant. Elle se promenait avec impatience dans les pièces de son appartement; elle regardait à chaque instant sa pendule, appelait sa bonne, lui disait d'aller demander l'heure quelque part, en s'écriant : Je suis sûre que cela avance, ici, cette pendule doit aller mal; allez, Adrienne, vous informer de l'heure qu'il est au juste.

Adrienne va s'informer chez la concierge et revient dire :

— Madame, vous n'avancez pas, au contraire, vous retardez de six minutes.

— Vous êtes une sotte! s'écrie Ambroisine, en déchirant ses gants avec colère, vous aurez vu de travers...

— Mais non, madame, puisque...

— Assez!... je ne veux pas qu'il soit près de cinq heures, c'est impossible...

— Mon Dieu! si madame veut qu'il ne soit que midi, ça m'est égal à moi!...

— Taisez-vous!... je crois que vous vous permettez de plaisanter... un mot de plus et je vous chasse!...

Adrienne s'éloigne en se disant :

— Son jeune homme lui aura fait des traits!... tu n'es pas au bout, chère amie!...

Enfin, Casimir arrive... il s'attendait à une scène, il

en a pris son parti ; résolu d'ailleurs à persister dans sa résolution de changer de conduite.

— Ah! vous voilà, monsieur, dit Ambroisine en se mordillant les lèvres avec dépit. Savez-vous l'heure qu'il est?

— Oui, madame; cinq heures moins vingt minutes.

— Et à quelle heure deviez-vous venir me chercher?...

— Un peu plus tôt, c'est vrai ; mais, ma foi, je m'étais mis à peindre et le temps a passé plus vite que je ne croyais...

— Vous ne présumez pas, sans doute, monsieur, que je me payerai de semblables raisons... vous auriez pu, au moins, en inventer d'autres ; me dire encore que vous attendiez votre ami Miflaud, qu'il vous a retenu...

— Madame, je vous ai dit la vérité, vous avez tort de ne pas me croire... J'ai travaillé, c'est ce qui m'a mis en retard.

— Vous avez travaillé !... et depuis quand, s'il vous plaît, vous est venu ce bel amour du travail, que je ne vous connaissais pas?

— Je suis surpris que vous me disiez cela, madame; car, depuis quelque temps, nous avons eu cependant assez d'entretiens à ce sujet. Oui, madame, je me suis mis au travail, et je compte bien désormais y employer une partie de mon temps... ma résolution est prise, arrêtée, maintenant, je n'en changerai point. Je suis honteux de la vie que j'ai menée jusqu'à ce jour, il faut que cela finisse. Je vous ai manifesté bien souvent le désir que j'éprouvais de trouver un emploi... au lieu de m'affermir dans ce dessein, vous avez toujours cherché à me faire oublier ce que ma position avait de blâmable... Je ne vous en fais point un reproche... Dieu m'en garde !... chacun aime à sa manière : les uns pour le seul plaisir d'aimer ; les autres pour le bonheur qu'ils éprouvent à entendre faire l'éloge de l'objet de leur choix. Je ne possède qu'une ressource... la peinture. Je puis, à force d'étude, de travail, y acquérir du talent. C'est ce que je vais tâcher de faire ; je ne vois pas en quoi cela pourrait me brouiller avec vous, car je vous assure que les plaisirs semblent plus doux, lorsqu'ils arrivent après les heures de travail.

Casimir a dit tout cela d'un ton si bien arrêté, avec un accent si ferme, si persuadé, que madame Montémolly comprend que cette fois elle ne triomphera plus de la nouvelle résolution de son amant. La colère tombe alors. Car elle connaît assez Casimir pour comprendre qu'elle se ferait du tort dans son esprit, en cherchant encore à entraver ses projets. Au lieu de cela, elle s'efforce de reprendre son air gracieux et lui prend le bras, en lui disant :

— Mon ami, pardonnez-moi, puisque j'avais tort,

je ne vous reprocherai plus de travailler... mais est-ce que cela nous empêchera d'aller encore nous promener quelquefois ?

— Ah! je suis à vos ordres... et enchanté de vous trouver si raisonnable...

— Eh bien, alors, allons faire un tour au bois... nous dînerons chez Ledoyen, en revenant.

## X

### ENCORE LES BONNES.

Quinze jours se sont écoulés. Casimir travaille avec assiduité à son petit tableau de chevalet et à la tête de Rouflard; celui-ci pose assez régulièrement, surtout depuis qu'il donne les séances avant le déjeuner. Mais il n'est pas encore parvenu à vaincre la résistance de la petite Lise, qui ne veut pas laisser faire son portrait. Cela désole le jeune peintre, il est monté plusieurs fois chez sa jolie voisine du cinquième; mais il n'y fait pas de long séjour, car Lise semble toujours craindre que la vue du jeune homme ne contrarie sa grand'mère, et c'est en se montrant bien discret que Casimir espère gagner la confiance de la jeune fille et triompher de son refus.

Casimir continue à donner des leçons de dessin à mademoiselle Proh, qui ne fait aucun progrès et passe une semaine sur la même oreille. Il a aussi commencé le portrait de madame Proh, mais il y travaille peu, et préfère infiniment la tête de Rouflard. Enfin, le jeune peintre a terminé son petit paysage, et l'a déposé chez un marchand de tableaux, devant lequel s'arrêtent volontiers les amateurs, parce qu'il expose souvent de fort belles choses et rarement des croûtes.

On doit bien penser que la jalouse Ambroisine n'a pas accepté sans chagrin, sans crainte, la nouvelle manière de vivre que son amant vient d'adopter, mais elle a senti qu'il fallait savoir faire quelques concessions pour ne point perdre entièrement son empire. Elle voit Casimir beaucoup moins, au lieu de passer chez elle une partie de ses matinées et de ses journées, à flâner comme il en avait pris l'habitude, maintenant il déjeune chez lui et travaille quelquefois jusqu'à cinq heures du soir; lorsqu'il se sent bien en train, lorsqu'il est content de lui, il a beaucoup de peine à quitter ses pinceaux, et il est tout surpris de voir avec quelle rapidité passe une journée toute consacrée au travail, lui qui, jadis, trouvait le temps bien long et ne savait comment l'employer pour échapper à l'ennui.

Ambroisine, qui veut s'assurer que Casimir ne la trompe pas, arrive souvent chez lui sans l'avoir prévenu de sa visite. Elle le trouve faisant poser son modèle, et ce n'est pas Rouflard qui peut l'inquiéter; elle a aussi une fois trouvé madame Proh qui donnait une séance à son voisin et venait poser chez lui; mais l'épouse du ci-devant professeur ne pouvait exciter sa jalousie. Elle n'avait donc aucun sujet réel pour se tourmenter, et pourtant elle n'était pas tranquille; il lui semblait que son amant n'était plus le même avec elle, qu'avec cet amour tout nouveau qui lui était venu pour l'étude, il avait beaucoup perdu de celui qu'il lui témoignait autrefois. Elle ne savait pas bien ce qui se passait dans le cœur de Casimir, mais elle devinait qu'il y avait maintenant entre elle et lui quelque chose qui devait détruire son bonheur. Les femmes ont une seconde vue qui leur fait pressentir tout ce qui se rapporte à leur amour.

Cela devait nécessairement amener un redoublement des crises nerveuses, et mademoiselle Adrienne était fort souvent envoyée à la pharmacie que nous avons eu déjà le plaisir de vous faire connaître.

En y courant un jour (vous savez comment court Adrienne, qui s'arrête à chaque connaissance qu'elle rencontre), la grosse bonne se trouve encore nez à nez avec son amie, mademoiselle Rose, celle qui a une si belle place chez un monsieur seul, qui lui fait des cadeaux, et qui a pris un frotteur pour qu'elle ne se fatigue pas trop.

— Bonjour, Adienne...

— Tiens, c'est toi, Rose; où vas-tu comme cela ?

— Chez le pâtissier, commander un vol-au-vent au blanc... il les fait délicieux, notre pâtissier...

— Ah ! je le sais bien, c'est aussi le nôtre ; c'est le meilleur du quartier...

— Tu es toujours chez ta dame nerveuse ?

— Ah ! ne m'en parle pas !... depuis quelque temps elle est sans cesse d'une humeur de dogue !... parce que les amours ne vont plus que d'une... d'une aile !... Je vois bien cela, notre bon ami vient beaucoup moins... madame a beau soigner sa toilette, faire la gentille... j'ai bien dans l'idée qu'il a envie de la lâcher.

— Eh bien, elle en prendra un autre, voilà tout !...

— Oh ! tu crois que ça se fait comme ça, chez nous !... mais nous adorons notre peintre, ma chère, nous nous ferions plumer pour lui !

— Ah ! l'amant est un peintre... quelque pauvre croûton !...

— Il paraît que depuis quelque temps il acquiert du talent... il va faire le portrait de madame, c'est elle qui le veut... faudra que je tâche qu'il fasse le mien pendant qu'il sera en train... Et toi, Rose, tu es coquette, pimpante... te voilà mise comme une bijoutière !... tu es toujours chez ton monsieur seul ?

— Chez M. Loursain... plus que jamais, ma chère;

je suis plutôt sa dame de compagnie que sa bonne... il ne fait rien sans me consulter... aujourd'hui, c'est moi qui ai voulu du vol-au-vent au dîner... il m'a dit tout de suite : va en commander un...

— Ah ! il te tutoye !...

— Non... je me suis trompée... il m'a dit : allez, Rose, et commandez-en un à votre idée, avec des meringues pour le dessert.

— Bigre !... tu es là comme un coq en pâte...

— Monsieur ne fait rien sans me consulter. Quand ses amis m'embêtent, je lui dis : votre ami chose m'a pincée hier à un certain endroit... Oh ! son affaire est bientôt bâclée, à l'autre, on le reçoit de façon à ce qu'il ne revienne plus.

— Tiens, ce n'est pas maladroit, c'est un moyen pour se débarrasser des gens qui t'ennuient...

— C'est une vieille rouerie qui ne manque jamais son effet... Mais figure-toi, Adrienne, que ce que tu m'avais dit l'autre jour m'était revenu à l'esprit ; un de ces soirs, après le dîner, entre la prune et l'abricot, je dis à monsieur, qui était plus tendre qu'à l'ordinaire : « Monsieur, si vous aviez envie de m'épouser, faudrait pas vous gêner ; moi, je ne demanderais pas mieux. » Là-dessus, voilà monsieur qui se met à rire... mais à rire... comme un bossu ! Moi, ça m'*ostine* de le voir rire, et je lui dis : « Eh bien, qu'est-ce qu'il y a donc de si drôle dans ce que je vous propose ? » Il rit encore, puis, me répond : « Quelle diable d'idée t'est venue là, Rose, et quelle sottise d'aller songer au mariage. »

— Mais, monsieur, repris-je, je ne trouve pas que le mariage soit une sottise.

— Si, c'en est une, et une grande; non, ma chère, je ne t'épouserai pas... je ne ferai pas cette boulette !... mais alors même que j'aurais eu envie de la faire, cela m'eût été impossible, puisque je suis déjà marié. Moi, tu entends bien, Adrienne, je demeurai toute saisie en entendant cela... « Comment, monsieur, vous êtes marié? m'écriai-je, et votre femme est vivante ? » « Oui, Rose, ma femme est vivante, bien vivante, et je ne crois pas qu'elle ait envie de mourir, car elle est beaucoup plus jeune que moi. » « Et pourquoi donc, monsieur, que vous ne demeurez pas avec elle ?... que vous vivez ni plus ni moins que si vous étiez garçon? C'est tromper le monde, ça, monsieur, ça donne aux demoiselles des idées... à votre endroit... on peut s'oublier avec vous, en pensant que c'est pour le bon motif, et puis après... bernique !... c'est désagréable cela... »

Monsieur fit alors une mine de mauvaise humeur, et me répondit :

— Je n'ai pas de compte à vous rendre, si j'ai quitté ma femme, c'est que probablement cela m'a convenu, cela ne vous regarde pas. Dorénavant, Rose, vous me ferez le plaisir de ne plus revenir sur ce sujet-là, parce que cela me déplait.

Oh! tu entends bien que je ne me le fis pas dire deux fois; je vis que j'avais été trop loin; et depuis ce temps je n'ai plus soufflé un mot de tout cela. Mais c'est égal, je voudrais bien connaître la femme de ce M. Loursain, et savoir pourquoi il l'a quittée.

— Pardi, belle malice! elle l'aura fait cornard... et ce monsieur aura trouvé cela mauvais; il y a des hommes si ridicules... Mais ma potion que je ne vais pas chercher. Adieu, Rose, au revoir.

— Et ton garçon limonadier qui te plaisait tant?

— Ah! c'est *plus* lui!... c'est un autre!... moi je ne m'attache jamais. J'aime la diversité.

Quand elle revient près de sa maîtresse, celle-ci gronde Adrienne pour avoir été si longtemps à faire sa commission, et sa bonne ne manque pas de répondre :

— Madame, ce n'est pas de ma faute, c'est que j'ai rencontré une amie... une payse, que je n'avais pas vue depuis très-longtemps... alors nous avons causé... je lui ai demandé des nouvelles de sa famille.

— Je voudrais bien savoir en quoi cela peut vous intéresser...

— Madame, Rose a un frère qui a manqué de se périr pour moi.

— Par amour?

— Non, madame; mais en voulant me porter fort loin à bras tendu... il en est devenu bossu.

— Et que fait-elle, votre amie ?

— Oh ! elle a une place superbe, chez un monsieur seul... où elle fait tout ce qu'elle veut... elle se commande du vol-au-vent quand ça lui plaît ; son maître la laisse faire... avec des meringues... des festins de Balthazar.

— Il est donc riche, ce monsieur ?

— Oui, madame... Oh ! il paraît que M. Loursain est très-riche !

Au nom de Loursain, Ambroisine a éprouvé une assez vive commotion, elle s'empresse de la surmonter, en reprenant :

— Comment nommez-vous ce monsieur chez qui est votre amie ?

— M. Loursain... Est-ce que madame le connaît ?

— Non... j'avais cru entendre un autre nom... Et ce monsieur est... veuf ?

— C'est-à-dire, madame, qu'il vit comme s'il l'était ; mais en réalité il ne l'est pas. Il a sa femme, elle existe. J'ai su tout cela par Rose, dont il est amoureux fou, et qu'il aurait bien voulu épouser ; mais il lui a dit en confidence : je ne peux pas t'épouser, ma Rose, et j'en suis désolé ! car je suis marié et ma femme existe encore, malheureusement ; par exemple, si elle meurt, sois tranquille, tu es sûre d'avoir sa place... ton avenir est assuré. Ce qui est fâcheux, c'est qu'il paraît que cette dame est beaucoup plus jeune que son mari... mais enfin, on meurt à tout âge, n'est-ce pas, madame?

— Certainement. Est-ce qu'il demeure près d'ici, le maître de votre amie?

— Oui, madame, dans la rue Béranger, celle qui fait suite à la nôtre. Il paraît que ce monsieur a un appartement superbe, au second sur le devant, et meublé dans le grand *chic*... La chambre de Rose est dans l'appartement, ce qui est très-commode, parce que... vous comprenez bien, madame... Rose n'a pas voulu me l'avouer, mais c'est comme si elle me l'avait dit... d'ailleurs, elle s'est trahie... son maître la tutoye, et...

— Assez, assez, je ne tiens pas à savoir les intrigues de mademoiselle Rose; tâchez une autre fois de causer moins longtemps lorsque je vous envoie en commission.

Restée seule, Ambroisine demeure assez longtemps plongée dans ses réflexions; elle en sort, en se disant :

— M. Loursain demeure trop près de moi, je ne me soucierais pas de le rencontrer... il faudra que je déménage.

## XI

### LE VIN DE QUINQUINA.

Un matin, Casimir est agréablement surpris en recevant la visite du marchand chez lequel il a déposé son petit paysage, et qui l'aborde, en disant :

— Nous avons acquéreur à quatre cent cinquante francs, le donnez-vous ?

Le jeune peintre craint d'avoir mal entendu, il ouvre de grands yeux pour s'assurer que c'est bien son marchand de tableaux qui est devant lui, et s'écrie :

— Quatre cent cinquante francs, dites-vous? c'est de ma vue de Bougival qu'on vous offre cela ?

— Oui, si cela vous va, c'est une affaire faite, et vous pouvez passer à la maison, tantôt, toucher votre argent.

— Si cela me va !... mais cela m'enchante, ça me comble de joie, je n'aurais jamais osé en demander tant que cela.

— J'en avais demandé cinq cents francs, moi, et je suis sûr que, si vous vouliez attendre, nous finirions par les trouver.

— Non, non, je ne veux pas attendre... vendez tout de suite... il me semble que c'est très-bien payé... d'ailleurs, du moment qu'on trouve de la valeur à mes tableaux, j'en ferai d'autres.

— Et vous ferez bien. Travaillez, monsieur Casimir, livrez-vous à ce genre-là plutôt qu'à tout autre. Je crois que cela vous sera plus productif que le portrait. Vous êtes coloriste, c'est un don de la nature ; je connais des peintres de talent qui n'ont pas le moindre sentiment de la couleur ; ils ont une figure à faire, ils emploient la première chose qui se trouve dans leur pinceau ; c'est parfaitement dessiné, c'est spirituel de pose, de manière, d'idées. Mais il règne sur tout cela un ton sale et gris qui ôte au tableau tout le charme qu'il devrait avoir. A ceux-là, ne demandez jamais de la lumière, du jour, du soleil, il leur est impossible d'en mettre dans leurs tableaux. Travaillez, nous vous pousserons.

Le marchand est parti. Casimir saute, danse dans sa chambre. Ce n'est pas l'idée qu'il va toucher quatre cent cinquante francs qui le rend si joyeux, grâce à la générosité de sa maîtresse, il a eu mainte fois des sommes bien plus fortes à sa disposition ; mais c'est la pensée que cet argent est le fruit de son travail, qu'il a su par lui-même le gagner, et, qu'en le recevant, il pourra le placer dans sa poche sans rougir.

Rien ne manquerait maintenant à son bonheur, si sa petite voisine du cinquième consentait à le laisser faire son portrait ; il n'est pas encore parvenu à vaincre sa résistance, et cependant Rouflard lui a dit, la veille :

— J'ai idée que la petite Lise ne tardera pas à se laisser peindre, car le médecin qui soigne sa vieille malade est venu la voir ces jours ci ; il a ordonné une nouvelle potion, ou je crois que c'est du vin de quinquina. Il faudrait que la bonne femme en prît tous les jours, et dame ! ce vin-là est cher ; les bouteilles sont toutes petites, on a bien vite avalé cela. La jeune fille se lève encore plus tôt, veille encore plus tard pour se procurer le vin de quinquina ; mais je crois qu'elle a bien de la peine à y arriver... est-ce qu'elle ne ferait pas cent fois mieux de se laisser prendre pour modèle. Je le lui ai encore dit hier... Montez-y, monsieur, c'est le moment... je connais les femmes !... autant toutefois qu'on peut les connaître ; mais avec elles, voyez-vous, l'occasion, c'est là ce qu'il faut saisir.

Casimir ne demande pas mieux que de suivre le conseil de Rouflard ; il monte de nouveau chez la petite Lise. Toutes les fois qu'il se rend chez la jeune fille, il éprouve une vive émotion et son cœur bat bien plus vite. Cependant, il s'est dit plusieurs fois qu'il ne devait pas songer à faire la cour à Lise ; que cette petite était sage, que ce serait fort mal à lui de chercher à la séduire, de troubler son repos et de lui faire quitter le sentier de l'honneur dans lequel, ainsi que le dit le poëte : il est difficile de rentrer, une fois qu'on en est dehors.

Casimir s'est dit tout cela et bien autre chose, ce qui n'empêche pas qu'en regardant la jeune fille au minois si joli, ses yeux n'aient une expression qui n'est pas du tout celle de l'indifférence, et que sa voix ne devienne plus douce et plus insinuante.

De son côté, Lise se sent tout autre depuis qu'elle a fait connaissance de son voisin du troisième. Il s'est montré pour elle si poli, et surtout si respectueux, qu'elle se demande pourquoi elle craint de lui accorder la faveur qu'il sollicite. Mais elle se demande cela trop souvent ; toute la journée elle pense à Casimir, elle ne peut plus s'en empêcher, et malgré toute son innocence ; une fille de dix-huit ans devine bien que c'est fort dangereux de toujours penser à un jeune homme, de s'occuper sans cesse de lui ; et, quoique ce jeune homme ne lui ait pas dit un seul mot d'amour, quoiqu'il ne la voie que devant sa grand'mère, elle doit se tenir en garde contre le sentiment qui se glisse dans son âme et surtout ne point s'exposer à aimer quelqu'un qui ne pense pas à elle, autrement que pour faire son portrait.

C'est de peur de prendre trop de plaisir à se trouver avec son jeune voisin, que Lise refuse toujours de se laisser peindre par lui.

Mais au milieu de tout cela est arrivée cette ordonnance de quinquina dans du vin de Malaga. Ces diables de médecins ne s'inquiètent pas de la position de leurs malades; ils ordonnent ce qui est favorable au rétablissement de la santé, tant pis si vous ne pouvez pas vous le procurer; ils ont rempli leur mission.

Lise avait acheté une petite bouteille du vin ordonné; elle en avait fait boire à sa vieille malade, à qui cela avait fait beaucoup de bien. Mais, en six jours la bouteille avait été bue, et on n'en avait pas encore acheté une autre.

Ce maudit vin de quinquina préoccupait maintenant Lise presqu'autant que Casimir, et, comme dans la vie chaque chose a son ricochet, elle ne pouvait s'empêcher de se dire :

— Si je consentais à poser, j'aurais bien vite du vin de quinquina.

Rouflard ne s'était donc pas trompé dans ses conjectures, et, en effet, en voyant Casimir entrer dans sa chambre, Lise éprouve un vif sentiment de plaisir qu'elle dissimule de son mieux, en saluant son voisin d'un air aimable et lui indiquant une chaise, car elle ne peut quitter le travail qu'elle termine.

— Bonjour, ma jeune voisine, dit Casimir; vous voyez un homme extrêmement heureux.

— En vérité, monsieur, j'en suis enchantée... que vous est-il donc arrivé pour vous donner tant de joie?

— Ce qui m'est arrivé... ah! vous ne le comprendrez peut-être pas bien... car il faut être artiste pour connaître ces joies-là!... Mademoiselle, figurez-vous un auteur qui obtient son premier succès au théâtre... le compositeur qui entend chanter dans la rue l'air qu'il a fait éditer... enfin le peintre qui vend son premier tableau... voilà les hommes les plus heureux de la terre, eh bien, je suis de ce nombre... je viens de vendre mon premier tableau.

— Votre premier? comment, monsieur, vous n'en aviez pas encore fait?

Cette réflexion si naturelle de Lise fait rougir Casimir, qui comprend que sa petite voisine doit se demander à quoi il a employé son temps, pour n'avoir, à son âge, fait encore qu'un tableau. Il tâche de sortir de là, en répondant :

— Mademoiselle... non... c'est vrai, je me suis mis fort tard à peindre le paysage... j'aimerais mieux faire le portrait, cela me plairait davantage.

— Et maintenant vous renoncez au portrait pour vous remettre au paysage?

— Oh ! non !... renoncer au portrait ! jamais !... l'un n'empêche pas l'autre !... Mais j'étais si joyeux ce matin de la vente de mon tableau, que je n'ai pu résister au désir de vous faire part de mon succès... et puis, quand on est en veine de bonheur, on prétend qu'il nous en arrive toujours plusieurs ; alors, je me suis dit : allons voir ma jolie voisine, qui sait si, aujourd'hui, elle ne voudra pas aussi consentir à se laisser peindre... si je ne fléchirai pas sa résistance.

— Cela vous rendrait donc bien heureux encore si je vous laissais faire mon portrait ?

— Ah ! mademoiselle, cela serait le comble de ma félicité... je mettrais tous mes soins, tout mon talent dans ce travail !... et je suis bien sûr que je réussirais, que je ferais une tête charmante.

— Mais, ce portrait... est-ce que vous le vendriez, monsieur ?

— Vendre votre portrait !... oh ! jamais, ma voisine, jamais... je le garderais toute ma vie... mais j'en ferais une copie que je vous offrirais... ou si vous l'aimiez mieux, je vous donnerais l'original et je ne garderais que la copie.

— Mais que ferez-vous de mon portrait, chez vous, il vous gênera ?

— Me gêner ! mais ce sera le plus bel ornement de mon atelier... je le regarderai tous les jours... je ne me lasserai jamais de le contempler. Ah! ma petite voisine, consentez, de grâce, dites que vous le voulez bien.

Lise hésitait encore, car les yeux de Casimir avaient pris une expression qui lui causait une vive émotion ; mais en ce moment la malade, qui était assoupie, s'éveille, en disant :

— Lise, donne-moi donc un peu de ce vin qui me fait tant de bien.

— Oui, bonne maman, oui, tout à l'heure... il n'y en a plus là, je vais aller en chercher...

Puis, se tournant vers Casimir, Lise lui dit tout bas :

— Eh bien... je consens... je poserai demain.

— Ah! que vous êtes bonne... que je suis heureux !... alors je cours chez le pharmacien vous acheter du vin de quinquina.

— Non, non, je ne veux pas, j'irai moi-même.

— Vous ne pouvez pas quitter votre malade... permettez-moi de vous rendre ce léger service... je sais que vous le prenez au malaga.

— Ah! monsieur Casimir... je vous en prie...

— Laissez-moi donc vous être à mon tour agréable... vous consentez à poser... je suis si content !... Au malaga !... vous allez en avoir dans un moment.

Et, sans écouter davantage la jeune fille, Casimir l'a quittée vivement ; il descend son escalier quatre à quatre, manque de renverser le petit Proh qui cherchait à se mettre à cheval sur la rampe du carré, passe comme une flèche devant le portier, court chez le pharmacien le plus voisin, demande du vin de quinquina au malaga, s'en fait donner trois bouteilles, en met une dans chacune de ses poches de côté, cache la troisième dans son paletot et retourne chez la petite Lise aussi vite qu'il en est parti.

— Mon Dieu!... vous en apportez trois bouteilles! s'écrie la jeune fille, en voyant Casimir sortir les flacons de ses poches.

— Oui, ma voisine, vous en aurez pour plus longtemps sans vous déranger.

— Mais il ne fallait pas... mais, monsieur, cela coûte trois francs dix sous la bouteille.

— Eh bien, en deux séances vous vous serez acquittée avec moi.

— Ah! monsieur, ce n'est pas possible!...

— Pardonnez-moi, ma voisine, je vous jure qu'un modèle tel que vous ne se paye pas moins, et que c'est moi qui serai encore votre obligé... Mais veuillez me dire à quelle heure vous voulez bien que je vienne pour la séance.

— Monsieur, c'est toujours le matin de bonne heure que ma grand'maman repose le mieux et n'a pas besoin de moi; si cela ne vous contrarierait pas de venir sur les huit heures... mais c'est peut-être trop tôt pour vous?...

— Non pas! cette heure-là me va beaucoup au contraire... nous poserons de huit heures à dix, si vous le voulez bien, car je ne veux pas vous fatiguer, et deux heures, c'est peut-être déjà trop pour vous...

— Oh! non, monsieur!... vous m'avez dit d'ailleurs que je pourrais coudre tout en posant...

— Oui, oui... vous ferez tout ce que vous voudrez, que je puisse vous regarder, moi, et cela me suffit...

— Je croyais que le modèle était aussi obligé de vous regarder?

— Quelquefois, sans doute, cela vaut mieux; mais nous avons le temps, et lorsque ce sera absolument nécessaire, vous voudrez bien, pour un moment, quitter vos yeux de dessus votre ouvrage... Ainsi, voilà qui est convenu, à demain, ma petite voisine, à huit heures vous me verrez arriver avec tout mon bagage...

— Je serai prête, monsieur.

Casimir est parti, et Lise s'approche de la vieille malade, en lui disant :

— Bonne maman, voilà du vin de quinquina!

## XII

### LA PREMIÈRE SÉANCE.

Casimir est enchanté de sa journée, et en sortant de chez son nouveau modèle, il se rend chez Ambroisine, à laquelle il veut apprendre la vente de son tableau. Il n'est pas bien certain qu'elle partagera sa joie, mais il est bien aise qu'elle sache que par son travail il peut enfin se passer des secours d'autrui.

Quant à ce qu'il vient d'obtenir de Lise, il se gardera bien d'en dire un seul mot à sa maîtresse dont il connaît l'excessive jalousie; il espère bien au contraire qu'elle ignorera ses relations avec sa petite voisine; c'est pourquoi il a été enchanté lorsque celle-ci lui a proposé de lui donner séance à huit heures du matin: de huit à dix heures il ne craint pas de recevoir la visite d'Ambroisine, qui se lève habituellement fort tard, et si, par hasard, elle venait chez lui avant qu'il ne fût descendu du cinquième, il pourrait toujours dire qu'il était allé déjeuner au café.

En sortant de chez lui, Casimir a rencontré Rouflard : le monsieur du grenier est frappé de l'air joyeux, triomphant du jeune peintre, et s'écrie :

— Je gage que ça y est !

— Oui, Rouflard, oui, la petite Lise consent à me laisser faire une étude de sa tête... ah ! je suis bien content !...

— Je savais bien que cela finirait par là !... mais les femmes, il faut toujours que ça se fasse prier un peu...

— Demain matin à huit heures je monte chez elle, avec ma palette, ma toile, et elle me donne la première séance...

— Quand une femme en a donné une, elle en donne ensuite tant qu'on veut... ça va tout seul, c'est comme le premier pas.

— Mais, Rouflard, ceci est entre nous... et lorsque vous posez chez moi... s'il m'arrivait la visite de cette dame... vous savez... cette belle brune... que j'appelle tout bonnement Ambroisine... et qui est déjà venue plusieurs fois.

— Oui, oui, madame première... la sultane *Validé*... connu !...

— Eh bien, je n'ai pas besoin de vous dire qu'il ne

faudra pas souffler un mot de mes visites chez Lise... de son portrait que je vais faire...

— Par exemple! comment, mon artiste, c'est à moi que vous dites cela... à moi, un vieux balai rôti au service des amours!... il me semble cependant que je n'ai pas l'air d'un conscrit!... moi, qui serais si désolé de causer le moindre ennui à ma petite bienfaitrice.

— Vous avez raison, Rouflard, je devais m'en rapporter à vous.

— Quant à Chausson, mon ci-devant domestique, il n'est pas méchant au fond... si vous voulez je lui parlerai.

— Non, non, c'est inutile... ce soin me regarde.

— Ah! c'est plutôt des Proh-Proh dont il faut vous méfier, en voilà des bavards, des jacassiers, des cancaniers!... qui sont enchantés quand ils savent ce qui se passe chez leur voisin, et trouvent moyen de faire un melon avec une noisette!...

— J'aurai soin qu'ils ne sachent rien de mes visites chez Lise, et je vais tâcher de finir bientôt le portrait de madame Proh, afin qu'elle ne vienne plus chez moi.

— En voilà un portrait que je ne voudrais pas avoir dans mes *anglaises!*... à moins que ce ne soit comme laxatif...

— Rouflard, j'ai vendu mon petit paysage... tenez, prenez ceci pour vous divertir... je suis heureux aujourd'hui, je veux que tout le monde soit content.

— C'est parlé comme *Buckingham* agissait... vous étiez né pour semer des perles sur votre chemin... et moi pour en ramasser.

Casimir trouve sa maîtresse qui vient d'achever sa toilette et se disposait à se rendre chez lui.

— Vous voilà! c'est bien heureux! s'écrie Ambroisine, vous venez tous les jours plus tard... incessamment, sans doute, vous ne viendrez plus du tout.

— Ma chère amie, excusez-moi, mais aujourd'hui j'ai eu beaucoup d'occupations...

— Vous avez fait poser votre vieil ivrogne... comme c'est intéressant!...

— Non, je n'ai pas fait poser Rouflard, mais j'ai reçu la visite de mon marchand de tableaux; félicitez-moi, mon petit paysage est vendu.

La belle dame fronce le sourcil, se pince les lèvres, tout en répondant :

— Ah! votre paysage est vendu...

— Oui, et très-bien vendu, beaucoup plus que je n'aurais osé en demander.

— Parce que vous êtes trop modeste... vous avez tort; dans les arts, la modestie est une sottise, car c'est un mérite dont on ne vous tient pas compte et qui vous empêche souvent d'arriver. Combien donc vous a-t-on payé, votre tableau ?

— Quatre cent cinquante francs.

— Ah! quelle misère! et c'est cela que vous appelez

bien vendu!... je croyais que vous alliez me dire deux ou trois mille francs.

— Ah! madame, vous vous moquez de moi! vous savez bien que ce petit paysage ne valait pas cela... ce prix est très-gentil pour un début ; cela m'encourage et je veux travailler de façon à vendre plus cher ceux que je ferai.

— Ah! vous comptez faire d'autres tableaux de genre... alors vous renoncez au portrait? vous n'achèverez probablement pas le mien.... pour lequel vous ne montrez guère d'ardeur.

— Que vous êtes injuste!... c'est toujours moi qui vous demande de poser ; mais quand madame a posé un quart d'heure, elle en a assez, elle ne peut plus tenir en place...

— Ah! cela me fait mal aux nerfs!... Allons, j'ai tort, j'en conviens... désormais, mon ami, je serai plus raisonnable, j'irai m'installer chez vous dès le matin, et je n'en bougerai pas ; comme cela, vous aurez le temps d me faire poser tant que vous voudrez.

Cette fois, c'est Casimir qui se pince les lèvres et fronce légèrement le sourcil. Il est à remarquer que, dans un tête-à-tête, il se fait bien souvent de ces changements de physionomies, qui disent ce que la bouche ne dit pas, ou ce qui signifie tout le contraire de ce qu'elle dit. Car, on a beau vouloir dissimuler sa pensée, il y a toujours quelque chose qui perce sur ce visage que la nature nous a donné et qui est quelquefois rebelle aux transformations que nous voulons lui imposer.

Ambroisine désire aller se promener dans la campagne. Casimir accepte avec joie, il a emporté son carnet, il prendra des notes, il croquera quelques points de vue...

— Si nous allions en Suisse ? dit la belle brune, c'est là, mon ami, que vous trouveriez des vues admirables, que vous pourriez faire une ample provision d'esquisses pour vos tableaux de genre.

Mais le jeune peintre n'est nullement disposé à voyager.

— Sans aller si loin, dit-il, il y a dans les environs de Paris des sites, des vues charmantes, mais on ne songe pas à les peindre, parce que c'est à la porte de Paris et que l'on n'accorde du mérite qu'à ce qui est loin de nous. Moi, ma chère amie, je ne vois pas pourquoi on doit faire fi d'une chose que nous pouvons nous procurer sans peine et sans frais. Ainsi, par exemple, tout près d'ici, derrière le fort de Romainville, dans cette partie qui était autrefois le bois, il y a des coteaux d'où la vue est magnifique, vous avez devant vous une étendue immense de terrain ; vos regards peuvent embrasser plus de douze lieues à la ronde. A vos pieds est Pantin avec ses fours à plâtre, qui donnent du pittoresque au paysage, puis c'est le canal qui coupe le chemin, puis Saint-Denis, Montmorency, Pierrefitte sont un peu plus en avant. Sur la gauche, c'est Montmartre, c'est le Mont Valérien, c'est Saint-Cloud qui se dessine à l'horizon. Et tout cela entremêlé de bouquets d'arbres, de jolies villas, de fabriques... Je vous certifie que c'est un panorama admirable. Voulez-vous venir le voir?

Madame Montémolly se laisse conduire à ce qu'était autrefois le bois de Romainville, et tâche de cueillir quelques fleurs des champs, pendant que Casimir s'asseoit sur l'herbe et croque à la hâte quelques vues, mais les fleurs sont rares dans la terre glaise, et le terrain qui est bon pour fabriquer de la poterie, ne l'est pas pour faire croître les roses. D'ailleurs Ambroisine est toujours la femme à la mode, et elle emmène son compagnon en lui disant :

— Mon cher ami, vous avez beau dire, vos belles vues de Romainville ne valent pas la cascade et le lac du bois de Boulogne.

— Pour vous, belle dame, je le conçois, pardonnez-moi donc, je ne vous mènerai plus de ce coté-là... il faut être peintre pour l'apprécier.

— Mon ami, il faut rejoindre notre victoria, qui n'a pu nous suivre dans ces chemins remplis de fondrières, où l'on manque à chaque instant de tomber dans un trou, ou d'enfoncer dans le sable !... allons dîner chez *Le Doyen* aux Champs-Élysées, ça nous changera complétement...

— Voilà bien les femmes! et vous parliez d'aller en

Suisse... c'est là qu'il y a des chemins escarpés difficiles à gravir!...

— Oui, mon ami, mais on est en Suisse... on inscrit son nom sur le registre des auberges; et l'on y voit que Monsieur et Madame un tel ont passé là, et ont voulu gravir le mont Righi.

Cette journée s'écoule bien lentement pour le jeune peintre qui aspire après le moment où il pourra faire le portrait de la petite Lise. Et, quoiqu'il fasse tout son possible pour être avec Ambroisine aussi aimable, aussi gai qu'il l'est ordinairement, il a parfois des moments de préoccupations, ou de distractions qui n'échappent point à sa jalouse maîtresse; alors, celle-ci lui dit brusquement :

— A quoi pensez-vous donc?

— Moi... mais à rien... je vous écoute.

— Vous m'écoutez? Qu'est-ce que je viens de vous dire?

— Ce que vous venez de me dire?... ma foi, je ne sais plus... c'était donc quelque chose de bien intéressant?

— Vous voyez bien que vous ne m'écoutez pas... Ah! tenez, Casimir, je ne sais pas ce qui vous est arrivé, mais, à coup sûr, vous avez quelque chose... vous êtes rêveur, vous répondez de travers à ce que je vous dis... Oh! il y a une intrigue là-dedans.

— J'ai vendu mon tableau et je rêve à celui que je ferai, voilà ce qu'il y a.

— Vous mentez!... ce n'est pas à cela que vous rêvez. Oh! je m'y connais!... on ne me trompe pas, moi!...

— Tant pis pour vous, car les gens les plus heureux sont ceux qui se laissent tromper le plus facilement.

— C'est possible, mais moi, je ne veux pas de ce bonheur-là.

Enfin, la journée est passée et la nuit aussi; Casimir s'est levé de grand matin, il a choisi sa toile, préparé sa palette, mis en état un chevalet qui ne lui servait plus et qu'il compte laisser chez sa voisine, pour ne point avoir l'embarras d'en monter et d'en descendre un après chaque séance. Il regarde sa montre à chaque instant; il craint d'être indiscret en arrivant avant l'heure qui a été convenue.

Huit heures sonnent: Casimir va ouvrir la porte de son carré, s'assure que personne n'est encore dans l'escalier, puis va prendre tous les objets dont il a besoin et monte lentement les deux étages.

La clef est sur la porte de Lise; mais elle vient elle-même l'ouvrir, car elle a entendu monter et s'est bien doutée que c'est la personne qu'elle attend.

— Oh! mon Dieu, monsieur, comme vous êtes chargé! s'écrie Lise en voulant débarrasser Casimir de son chevalet.

— Tout ceci est très-léger, mademoiselle, ne vous donnez pas la peine. Puis-je entrer chez vous ?

— Assurément... bonne maman repose, je crois; mais alors même qu'elle s'éveillerait, je lui ai appris hier que vous alliez venir faire mon portrait, et elle en a été très-contente. Elle m'a dit : Tu le placeras devant moi pour que je te voie toujours, ma fille. Ah! c'est qu'elle m'aime bien, ma pauvre mère.

— Vous voyez, ma chère voisine, qu'en consentant à vous laisser peindre, vous avez déjà fait deux heureux !...

— C'est vrai... Si je l'avais su, j'aurais accepté plus tôt. Je crois que bonne maman repose... nous ne ferons pas de bruit.

— Je n'ai nullement besoin d'en faire en travaillant. Tenez, voilà mon chevalet placé, je suis à vos ordres.

— Mais c'est à vous de commander... comment faut-il que je me pose?

— Comme vous en avez l'habitude... asseyez-vous... prenez votre ouvrage.

— Quoi! vraiment, je puis travailler.

— Sans doute, surtout pendant la première séance où je ne prends d'abord que l'ensemble de la tête.

— Et je n'ai pas besoin de vous regarder?

— Si, quelquefois, mais pas toujours.

On se met à l'ouvrage. Lise fait des ourlets, ce qui

ne l'oblige pas à beaucoup d'attention. De temps à autre, Casimir lui dit :

— Regardez-moi... ce qu'elle s'empresse de faire ; mais elle rebaisse bien vite les yeux, parce qu'elle a rencontré ceux du jeune peintre, qui lui dit alors :

— Mais vous ne me regardez pas assez longtemps, à peine si j'ai pu saisir la nuance de vos yeux.

— Mais vous me regardez beaucoup, vous... et cela m'intimide... cela me trouble.

— Il faut bien que je vous regarde avec attention pour reproduire vos traits sur la toile... cela ne doit pas vous intimider... ne voyez en moi qu'un artiste, ou plutôt un ouvrier qui fait son état, et cela ne vous troublera pas.

— Ah ! un ouvrier... vous n'êtes pas un ouvrier !

— Eh ! mon Dieu, ma voisine, nous le sommes tous, chacun dans son genre ; n'est-on pas un ouvrier du moment que l'on fait un ouvrage pour qu'il vous fasse vivre ? Il y a, me direz-vous, des professions qui demandent plus d'études, plus d'intelligence que les autres ; mais soyez persuadée que le poète ou l'écrivain qui travaille avec sa pensée, qui puise ses matériaux dans son cerveau, a quelquefois beaucoup plus de fatigue, de peine à faire son ouvrage, que le menuisier à raboter ses planches... regardez-moi un peu.

Lise lève les yeux, et cette fois, elle les rebaisse moins vite en rencontrant ceux de Casimir. Celui-ci aime à faire causer son modèle, ce que ne craignent pas de faire les peintres de grand talent; car ils saisissent mieux l'expression de votre physionomie pendant que vous parlez, que ne le font ceux qui vous défendent de bouger, ce qui vous donne alors l'air ennuyé ou apprêté, ou guindé... je pourrais même dire embêté.

Lise ne demande pas mieux que de causer; du vivant de sa nourrice, lorsque celle-ci tenait une crémerie et faisait assez bien ses affaires, elle a mené trois fois la jeune fille au spectacle, et celle-ci s'en souvient toujours, car elle y a pris un grand plaisir. Cet amusement et la lecture sont les seuls qu'elle envie; la danse, les promenades, les fêtes champêtres ont pour elle peu d'attraits. Avant de tomber malade, la vieille mère voulait que sa petite Lise se procurât ces distractions; mais, au lieu d'aller voir ces bals soi-disant champêtres qui se tiennent dans la banlieue de Paris, Lise emmenait sa compagne dans une promenade peu fréquentée, dans un sentier ombragé, solitaire, et là, s'asseyant sur l'herbe, lisait un roman qu'elle avait loué en économisant quelques sous sur sa nourriture. Elle lisait tout haut, sa vieille mère s'endormait, mais Lise lisait toujours et tout le monde était content.

— Si vous aimez à lire, ma voisine, dit Casimir, je puis vous prêter des livres, j'ai tous les romans d'*Alexandre Dumas*, et je suis bien certain qu'ils vous charmeront.

— Ah ! monsieur, vous êtes bien bon ; mais depuis que grand'maman est tombée malade, je n'ai plus le temps de lire, il vaut mieux travailler.

— Il faut bien cependant se donner quelques instants de repos.

— Le travail que je fais n'est pas fatigant.

Pour la première séance, Casimir ne veut pas tenir trop longtemps son modèle ; il se lève, en disant :

— En voilà assez pour aujourd'hui ; merci, ma petite voisine.

— Ah ! c'est fini ?

— Fini pour cette séance ; me permettez-vous de laisser chez vous ce chevalet ?

— Oh ! certainement. Ah ! vous emportez la toile... vous n'en avez pas besoin sans moi ?

— Pardon, il y a des choses auxquelles je puis travailler sans avoir le modèle sous les yeux.

— Voulez-vous me laisser regarder ?

— Pas encore, je vous en prie. C'est trop peu avancé ; dans trois ou quatre séances, vous pourrez regarder. Il est dix heures, je vais déjeuner.

— Déjà dix heures ! c'est singulier comme le temps passe vite quand on pose... Est-ce que vous viendrez demain ?

— Mais certainement, si cela ne vous contrarie pas...

— Oh ! pas du tout.

La jeune fille allait dire : *au contraire*, mais elle s'est arrêtée en rougissant et se borne à murmurer :

— A demain, alors.

Le lendemain matin, Casimir ne manque pas de se rendre chez son charmant modèle, qui le voit maintenant arriver avec plaisir; et, sans être coquette, a cependant pris plus de soin de sa coiffure, de l'arrangement de ses cheveux; le jeune peintre remarque cela, il n'en dit rien, mais il en est en secret flatté, car il y a une foule de petites choses qui font présager les grandes.

On pose, et l'on cause à demi-voix; c'est presque toujours le matin que la grand'mère repose le mieux. Lise lève plus souvent les yeux sur son peintre et soutient un peu mieux le feu de ses regards; quelquefois, pourtant, une vive rougeur lui monte au visage, tandis que Casimir murmure :

— Ah! que vous posez bien... quel charmant portrait je vais faire... oui, vous serez ressemblante; vos traits sont si bien gravés dans ma mémoire.

— Alors, ce n'est plus la peine que je vous regarde....

— Oh! si!... si!... je ne vous vois jamais assez.

— Qu'on est heureux de savoir peindre!

— Oui, je trouve cela aussi maintenant... et il y a quelque temps, je ne m'en doutais pas!... Ah! ma petite voisine, vous ne savez pas que, si je parviens à acquérir quelque talent, c'est à vous que je le devrai.

— A moi!... oh! par exemple!... ce n'est pas en me regardant que vous avez fait ce joli paysage que vous avez vendu.

— Non, mais c'est en vous voyant travailler sans relâche, dans ce modeste logis, en sachant que vous trouviez moyen de subvenir aux besoins d'une vieille mère paralytique, que j'ai eu honte de mon existence, de ma paresse... que j'ai senti que je regretterais un jour d'avoir si mal employé ma jeunesse... et enfin que j'ai pris la résolution de changer de conduite... Vous le voyez bien, ma chère voisine, si j'obtiens un jour du talent, de la réputation, c'est à vous que je le devrai.

Lise ne répond rien, car elle est trop vivement émue, mais son regard se fixe sur Casimir, et il a une expression si tendre, si touchante, que c'est le peintre, cette fois, qui cesse de travailler.

Ces entretiens confidentiels se renouvellent tous les jours et rendent plus intimes les rapports qui existent entre le peintre et son modèle. Peu à peu, une aimable confiance a remplacé la froide politesse. On cause davantage, on fait les séances bien plus longues, on a de la peine à se quitter, car on a toujours quelque chose à se dire; on se trouve si bien ensemble, que la jeune fille s'impatiente et ouvre sa porte quand Casimir est de quelques minutes en retard. Et cependant jamais un mot d'amour n'a été prononcé dans ces séances de tous les matins; mais il y a des choses que l'on n'a pas besoin de dire pour se faire comprendre, et l'amour est de ces choses-là.

Le portrait avançait; mais, comme Casimir voulait faire durer longtemps les séances, il trouvait toujours quelque chose à y refaire, à y retoucher. Lise ne s'en plaignait pas, bien loin de là, lorsque son peintre disait :

— En voilà assez pour aujourd'hui, il lui arrivait quelquefois de s'écrier :

— Déjà !... ah ! il me semble que je n'ai pas posé beaucoup, ce matin !

Alors Casimir souriait et l'on continuait de causer. La jeune fille avait regardé le portrait et bondi de plaisir en se voyant si jolie. Elle s'était écriée :

— Ah ! vous m'avez flattée, monsieur... je ne suis pas... comme cela !...

Elle n'avait pas osé dire : Si bien que cela ! Mais les femmes s'arrêtent souvent au moment de dire le véritable fond de leur pensée.

## XII

#### UN ENFANT TERRIBLE.

Le portrait de Lise faisait souvent négliger celui d'Ambroisine, et ce n'était pas seulement en peinture que la belle dame s'apercevait qu'elle était négligée. Chaque jour Casimir se rendait plus tard chez elle ; lorsqu'elle le lui reprochait, il trouvait pour excuse le nouveau paysage qu'il faisait, les séances qu'il donnait à madame Proh ou à Rouflard, et Ambroisine s'écriait :

— Mais il n'est pas possible que vous n'ayez pas fini avec ces têtes-là ! Et quand je vous demande à poser, moi, vous me dites que vous ne voulez pas me fatiguer. Vous avez quelque intrigue, quelque nouvelle liaison que vous avez formée... mais prenez garde ! je le saurai.

Un matin, madame Montémolly, sans avoir prévenu son amant de sa visite, se lève beaucoup plus tôt qu'elle n'en a l'habitude, se fait habiller à la hâte par Adrienne, et arrive sur les dix heures chez Casimir. Elle a demandé au portier si le jeune homme était sorti; Chausson a répondu qu'il ne l'avait pas vu descendre. Elle monte les trois étages, voit la clef sur la porte du logement du peintre et entre sans frapper, sans sonner, en se disant :

— Je vais le surprendre et savoir enfin à quoi il travaille si assidûment.

Ambroisine entre dans le petit salon qui sert d'atelier à Casimir, et n'y trouve que Rouflard, qui est en train de chercher des poses devant une glace.

— M. Casimir n'est pas ici? dit la belle brune, en parcourant des yeux l'atelier.

Rouflard, qui a reconnu la dame et devine la situation, s'empresse de saluer profondément, en répondant :

— Non, madame, M. Dernold est sorti.

Malgré cette réponse, Ambroisine va regarder dans la chambre à coucher, puis revient, en disant :

— Oui, en effet, il n'y est pas.

— Madame s'en est assurée, murmure Rouflard avec un sourire légèrement ironique.

— Mais, où donc est-il... va-t-il rentrer bientôt?

— Oh! je ne crois pas, madame; M. Dernold a dit :

je vais déjeuner, puis ensuite j'irai faire un tour au Louvre, où j'ai des études à faire.

— C'est singulier, le portier m'a dit que Casimir n'était pas sorti.

—Oh ! madame ! ce misérable Chausson ne voit jamais ce qui se passe ; il ne m'en faisait pas d'autres quand il était mon domestique. Je lui disais : fais le guet, ne laisse pas entrer mes créanciers... je ne veux recevoir que des dames... l'imbécile faisait tout le contraire... je crois qu'il a un coup de soleil.

— Mais, que faites-vous donc ici, vous, monsieur ?

— Moi, madame, j'étais venu pour remercier mon artiste, qui a eu la bonté de s'occuper de moi, et m'a trouvé de l'occupation chez un peintre de ses amis, un peintre d'histoire... je dois faire un Romain. Et M. Casimir m'a dit : cherchez-vous une coiffure romaine... mettez-vous devant la glace... passez du galon rouge dans vos cheveux... je vous dirai ensuite si vous avez un faux air de *Romulus*... car il paraît que c'est un *Romulus* que je dois représenter.

Ambroisine ne semble pas ajouter beaucoup de foi à cette histoire romaine. Elle se promène dans l'atelier, s'arrête par moment, semble réfléchir, et dit :

— Je ne sais pas si je dois l'attendre...

— Madame en a bien le droit, assurément ; mais je crains que madame n'attende bien longtemps. Quand un peintre va au Louvre, on ne sait jamais quand il en sortira.

— Monsieur Rouflard, vous venez souvent dans cet atelier ?

— Oui, madame, je suis toujours aux ordres de mon artiste quand il a besoin de moi.

— Et... voyez-vous venir beaucoup de femmes, ici ? ne me mentez pas...

— Madame, je puis vous assurer que je n'y ai jamais vu que vous... et la voisine d'en face ; mais je n'appelle pas celle-là une femme... son mari l'a baptisée du nom de girafe, et il a bien fait.

— Allons, je vous crois... et je m'en vais... vous lui direz que je suis venue... et que je l'attends chez moi, n'est-ce pas ?

— Madame, je n'y manquerai pas.

Ambroisine sort de l'appartement, Rouflard la conduit jusque sur le carré ; mais là, on se trouve vis-à-vis de madame Proh et de son fils, le jeune Phonphonse, qui veut toujours se mettre à cheval sur la rampe. La maîtresse de Casimir s'était trouvée deux fois chez lui avec cette dame, pendant qu'elle posait, on se connaît donc un peu. On se salue et l'on échange quelques phrases banales.

— Madame, j'ai bien l'honneur de vous saluer... votre santé me semble toujours parfaite ?

— Assez bonne, je vous remercie, madame. Est-ce que vous alliez chez M. Casimir ?

— Non, madame, je n'y allais pas en ce moment... je vais acheter de la tête de veau pour mon mari, qui n'aime que cela pour son déjeuner. C'est une habitude qu'il a prise, à la vinaigrette... Ah ! mon mari est bien insupportable avec sa tête de veau ! Vous venez de chez mon voisin, M. Casimir ?

— Oui, j'avais l'intention de lui donner séance pour mon portrait.

— Le mien est fini, parfaitement fini ; j'en suis assez satisfaite, bien que tout le monde prétende que je ressemble à feue madame *Saqui* dans son beau temps... il paraît que c'était une assez jolie femme... Et vous avez déjà fini de poser, madame ?

— Je n'ai pas pu prendre séance, M. Casimir n'y est pas... cela me contrarie... car j'avais été aujourd'hui plus matinale qu'à mon ordinaire.

— Ah ! mon voisin est déjà sorti !...

— Non ! non ! non !... il n'est pas sorti... Oh ! oh ! oh ! hi ! hi ! hi ! crie le petit Phonphonse, en s'accrochant après la rampe.

— Phonphonse, ne vous balancez pas comme cela après la rampe, vous vous blesserez.

— Je veux me balancer, moi !

— Cet enfant est indomptable !

— Pardon, madame, mais il me semble que votre fils a dit que M. Casimir n'était pas sorti.

— Oh! madame, est-ce que cet enfant sait ce qu'il dit!...

— Oui, oui, je sais bien où est le peintre... il est où il va tous les matins... Oh! oh! oh! hi! hi! hi!...

— Où il va tous les matins... mais alors, tu vois bien, Alphonse que M. Casimir est sorti.

— Non, puisqu'il va là-haut, dans la maison, chez la petite Lise... il y a même porté son chevalet et ses couleurs pour y barbouiller comme chez lui... Hi! hi! hi! ho! oh! oh!

Ambroisine a changé de couleur; madame Proh ouvre de grands yeux en s'écriant :

— Quoi, mon voisin va peindre chez la petite du cinquième!... ma foi, en voilà la première nouvelle; mais ce petit garçon-là est extraordinaire, madame, il sait tout, il voit tout ce qui se passe, d'ici, il entendrait un vent lâché au premier!...

— Quelle est cette petite Lise, qui reçoit M. Casimir ?

— C'est une jeune fille qui est avec sa grand'mère, celle-ci est malade, en partie paralysée; Lise travaille pour la soutenir... oh! c'est honnête... très-honnête... du moins je le crois.

— Elle est jolie?

— Hum !... vous savez, cela dépend du goût... une petite figure chiffonnée...

— Non ! non ! non ! Lise n'est pas chiffonnée... Rouflard dit que c'est un ange... oh ! oh ! oh ! ah ! ah ! ah !

— Ah ! ce Rouflard la connaît... pardon, madame, mais comme il faut absolument que je parle à monsieur Casimir, je vais me permettre d'aller le trouver chez cette demoiselle... c'est au cinquième, m'avez-vous dit ?

— Oui... la porte à droite...

— La clef est toujours après... hu ! hu ! hu !...

La belle dame n'en écoute pas davantage, elle arpente les étages comme un brave soldat monte à l'assaut. Elle est bientôt arrivée ; elle trouve en effet la clef sur la porte à droite, elle ouvre brusquement, et voit Jeanne qui est assise devant Casimir, tenant son ouvrage à sa main, mais ne travaillant pas ; de son côté, le jeune peintre est à son chevalet, il tient sa palette et son pinceau, mais il ne s'en sert pas. A la vue de cette personne qui a ouvert et se tient immobile à l'entrée de la chambre, l'artiste et son modèle demeurent frappés de surprise. Mais Casimir est le plus émotionné, car Lise se remet bientôt et dit à Ambroisine :

— C'est sans doute moi, que vous demandez, madame, et c'est pour de l'ouvrage ?... donnez-vous la peine d'entrer...

— Non, mademoiselle, répond Ambroisine d'un ton

arrogant, « ce n'est pas vous que je demande, ce n'est pas pour vous que je suis ici, c'est monsieur que je viens y chercher... monsieur, qui n'a plus un moment à me donner, qui ne finit pas mon portrait, parce qu'il fait le vôtre... Ah! la voilà donc, la cause de tous vos mensonges... de votre changement de conduite à mon égard... je savais bien qu'il y avait une intrigue sous jeu!... c'est pour être avec mademoiselle, que l'on n'a plus le temps de venir me voir... ah! que les hommes sont faux!...

La voix de la femme jalouse est devenue éclatante, ses regards lancent des éclairs. Lise est tremblante, de grosses larmes obscurcissent ses yeux, puis une voix cassée, chevrotante sort du lit, et dit :

— Lise! qu'est-ce qu'il y a donc... il m'a semblé que l'on criait ici... est-ce que tu te querelles avec quelqu'un ?

— Non, ma mère, non... ce n'est rien... ce n'est rien !...

Et la jeune fille tourne sur la belle dame des regards suppliants, comme pour lui dire :

— De grâce, ne parlez pas si haut !... Mais déjà Casimir s'est levé, il a pris sa palette, sa toile, ses pinceaux, et se dirige vers la porte en disant à madame Montémolly :

— Madame, je veux bien sortir avec vous, pour épargner à mademoiselle un bruit et une scène inconvenante... ce n'est donc pas pour vous, mais c'est pour elle que je le fais. Mademoiselle Lise, excusez-moi d'avoir été cause de ce bruit, qui a réveillé votre vieille mère, et soyez bien persuadée que pareille chose ne se renouvellera pas.

Casimir est bientôt sur le carré. Ambroisine, furieuse de jalousie, de dépit, hésite pour sortir, elle regarde Lise, qui semble toujours la supplier de se taire, en lui montrant le lit de la malade. Enfin la belle dame se décide, elle quitte la chambre, après avoir jeté sur la jeune fille un regard menaçant, puis elle descend sur les pas de Casimir qui entre chez lui. Elle y entre aussi et lance un coup d'œil furieux sur Rouflard qui s'éloigne en faisant le gros dos et regarde le jeune peintre comme pour lui dire :

— Ce n'est pas ma faute... vous avez manqué de prudence.

Ambroisine est entrée dans l'atelier, elle se jette sur un fauteuil, en s'écriant:

— Y a-t-il longtemps que dure cette intrigue, monsieur, et que vous êtes l'amant de cette fille?

Casimir, qui a retrouvé tout son calme, se met à travailler à son petit ouvrage, et répond :

— Madame, la jalousie vous aveugle et vous fait dire et faire des choses indignes d'une femme qui se respecte. Je fais le portrait d'une jeune fille qui demeure dans ma maison, il me semble que cela m'est bien permis, puis que c'est mon état de faire des portraits. J'ai trouvé, là, une tête charmante; j'ai éprouvé le plaisir de la reproduire sur la toile, tout cela était fort naturel. J'ai proposé à mademoiselle Lise de poser; elle m'a refusé longtemps d'abord, elle ne veut pas quitter un seul instant sa grand'mère. Je lui ai dit que j'irais lui donner séance chez elle, elle refusait encore, mais elle gagne à peine de quoi subvenir à son existence, la maladie de sa mère nécessite parfois des dépenses inattendues; j'ai fait comprendre à cette jeune fille qu'en consentant à poser elle améliorerait sa situation, et enfin elle a cédé. Vous me demandez depuis quand je suis l'amant de cette pauvre petite... ah! si vous la connaissiez, vous n'auriez pas eu cette pensée! elle est sage, honnête, ne songe qu'à son travail, qu'à soulager, consoler sa vieille malade, et moi, madame, devant une conduite si digne, si pure, j'aurais rougi de lui adresser un seul mot d'amour.

Madame Montémolly a écouté tout cela avec impatience, en frappant souvent de son pied sur le parquet, dès que Casimir a cessé de parler, elle s'écrie :

— Est-ce que vous pensez, monsieur, que je vais donner dans vos histoires, dans vos contes!... vous me prenez pour une grue, apparemment!... vous n'avez pas dit un mot d'amour à cette demoiselle?... Que faisiez-vous donc quand je suis entrée? vous n'étiez pas en train de peindre, vous et votre modèle, vous vous regardiez dans le blanc des yeux, comme si vous aviez voulu vous manger... on n'a pas besoin de parler d'amour quand on se regarde comme cela... les prunelles en disent bien assez!... et si vous n'aviez pas pensé à devenir l'amant de cette fille, est-ce que vous m'auriez fait un mystère de ce portrait, de vos escapades au cinquième étage, et que comptez-vous donc faire du portrait de cette demoiselle ?

— C'est une étude, je le mettrai dans mon atelier.

— Vous savez que je le mettrai en pièces, moi, et ce misérable Rouflard, auquel vous avez fait sa leçon, et qui me dit que vous êtes allé au Louvre !... Tout le monde s'entendait pour se moquer de moi.

— Je n'ai pas fait de leçon à Rouflard, il vous a dit ce qu'il a voulu.

— En voilà assez!... pour que pareille chose ne se renouvelle plus, monsieur, vous allez sur-le-champ quitter ce logement, et vous ne remettrez plus les pieds dans cette maison... de cette façon vous n'aurez pas la fantaisie de monter tous les matins au cinquième... venez avec moi, je vous trouverai tout de suite un logement convenable, et j'enverrai chercher vos meubles...

Casimir hausse les épaules et continue de peindre, en disant :

— Vous êtes folle, madame !

— Comment avez-vous dit, monsieur?

— Que vous n'avez pas le sens commun ! et que je n'ai nullement envie de déménager...

— Vous ne voulez pas déménager pour ne pas quitter la petite du grenier ?...

— La petite du grenier, comme il vous plaît de l'appeler, n'est pour rien dans ma détermination ; je ne veux pas quitter cet appartement, parce qu'il me plaît, et ensuite, parce que je ne veux pas faire vos volontés... que je suis las d'être votre esclave, et qu'il est temps que cela finisse...

— Ah ! voilà donc où vous en vouliez venir... c'est une rupture que vous me proposez !...

— Ce sera une rupture, si vous voulez, madame, mais je vous répète que je ne veux plus me soumettre à tous vos caprices, et que je ne déménagerai pas.

— Casimir !... prenez garde... si vous restez dans cette maison, je ne vous le pardonnerai pas...

— J'y resterai.

— Et c'est à cette petite mijaurée que vous me sacrifiez !... Ah ! c'est indigne ! c'est infâme !

— Pas de grands mots, madame, vous savez qu'avec moi ils manquent leur effet ; je ne vous sacrifie à personne. Je vous dis que je ne veux plus être votre esclave, que je l'ai été trop longtemps, que je veux être mon maître, si cela ne vous convient pas, tant pis !

— C'est parce que vous ne m'aimez plus que vous me parlez ainsi.

— Tenez, Ambroisine, soyez franche, si j'agissais comme vous me l'ordonnez, vous me mépriseriez et vous auriez raison.

— Ah! vous êtes un traître... vous vous êtes joué de moi... mais je ne veux plus être votre dupe!... après tout ce que j'ai fait pour vous...

— Ah! j'attendais ce mot là!... il aurait manqué à la situation!... En effet, madame, vous avez fait beaucoup pour moi... et je ne l'ai point oublié... permettez-moi seulement de vous dire que c'était toujours contre mon gré; que depuis longtemps je voulais me livrer au travail, et que vous m'en empêchiez sans cesse, parce que vous vouliez me tenir constamment dans vos filets, m'empêcher d'être libre enfin et de pouvoir agir sans vous consulter. Si la fortune me devenait un jour favorable, croyez, madame, que je serai bien heureux de pouvoir m'acquitter envers vous!...

— Casimir, oubliez ce que je viens de dire... la jalousie m'égare... voyons... cédez-moi encore cette fois, je vous en prie... venez avec moi... quittez cette maison... et je ne vous parlerai plus de cette petite fille du grenier...

— Vos instances sont inutiles... ma résolution est inébranlable, je reste dans ce logement.

Ambroisine se lève furieuse, fait quelques pas dans la chambre, s'arrête devant Casimir, et s'écrie :

— Alors, monsieur, tout est fini entre nous!...

— Comme il vous plaira, madame...

— Oui, monsieur, tout est fini, et je ne vous reverrai de ma vie!...

Après avoir dit ces mots, Ambroisine sort vivement, en fermant la porte avec fracas, elle descend l'escalier sans s'arrêter, puis traverse la cour, passe devant le concierge qui la balaye, et fait quelques pas dans la rue. Mais là, elle s'arrête, se retourne, regarde la maison qu'elle vient de quitter et aperçoit alors un écriteau attaché au-dessus de la porte. Aussitôt elle rentre dans la maison, et dit au concierge qui est encore dans la cour :

— Vous avez quelque chose à louer ici, j'ai vu un écriteau...

— Oui, madame, un bel appartement, au premier, sept pièces, papier frais partout, une belle cave!

— Quand est-il libre?

— Il le sera dans dix jours, madame, c'est le terme...

— Je le prends...

— Le prix est de deux mille deux cents francs...

— C'est très-bien, je le loue...

— Mais, madame ne l'a pas vu... si elle veut monter... les locataires sont justement sortis...

— C'est inutile, je vous répète que je prends ce logement. Tenez, concierge, voici votre denier à Dieu...

Et Ambroisine met une pièce de vingt francs dans la main de Chausson, en ajoutant :

—Prenez ceci... seulement je vous serai obligée de ne pas dire à monsieur Casimir que c'est moi qui ai loué ce logement... voici mon adresse, mon nom... si vous voulez aller aux informations...

— Oh ! madame, je vois bien que c'est inutile, quand on a des manières comme madame... d'ailleurs, madame est une connaissance de monsieur Casimir !

— Tenez... voilà encore vingt francs... soyez discret et je ne m'en tiendrai pas là...

— Je serai à madame de jour comme de nuit... toujours sur pied !...

Ambroisine s'éloigne, et Chausson admire les deux pièces de vingt francs, en se disant :

— En voilà de la crème de locataires !... le plus souvent que j'irai aux informations !...

# XIV

## LA DAME DU PREMIER.

Dix minutes après la sortie d'Ambroisine, Casimir montait au cinquième et entrait chez sa jeune voisine.

Lise travaille, mais de grosses larmes coulent de ses yeux et par moment tombent sur son ouvrage. Sa jolie figure semble encore plus séduisante sous ce nuage de tristesse répandu sur tous ses traits. En apercevant Casimir, son premier mouvement est d'essuyer ses yeux et de tâcher de sourire.

Mais le jeune homme a déjà vu ses larmes, il se hâte d'aller à elle, en s'écriant :

— Lise, vous pleurez... et c'est moi qui en suis cause... ah ! pardonnez-moi, si vous saviez combien je suis désolé de ce qui est arrivé...

— Oh ! monsieur, je ne vous en veux pas du tout... je ne pleurais pas...

— Si, si, vous essayez en vain de me le cacher...

— C'est seulement parce que je suis fâchée d'avoir été cause que cette dame vous a grondé... elle paraissait bien en colère... elle dit que vous ne faites plus son portrait et que c'est ma faute... vous voyez bien que j'ai eu tort de consentir à vous laisser faire le mien... mais c'est fini... je ne poserai plus... vous peindrez cette dame... je ne vous ferai plus perdre votre temps...

— Ne dites pas cela, Lise, je continuerai à vous peindre comme à l'ordinaire...

— Oh ! non... cette dame ne le veut pas... si elle revenait ici, et vous y trouvait, elle me ferait encore une scène... cela effraye ma grand'mère, je ne le veux pas...

— Cette dame ne reviendra pas ici, elle n'a pas d'ailleurs le droit de m'empêcher de faire ce qui me convient... je la connais depuis longtemps... elle avait pris l'habitude de me donner des conseils... et je l'écoutais... comme on écoute une ancienne connaissance...

— Elle est bien plus âgée que vous, cette dame ?...

— Oui, et c'est pour cela que je lui montrais de la déférence. Mais ce n'est pas une raison pour qu'elle me traite comme un enfant...

— Elle est bien belle cette dame... elle me faisait des yeux bien méchants et cela me faisait de la peine...

— Ne pensez plus à elle... vous ne la verrez plus...

— Il me semble que j'aurais eu du plaisir à la voir, si elle ne m'avait pas fait des yeux si terribles... Monsieur Casimir, il faut reprendre votre chevalet et ne plus venir peindre ici...

— Ma chère voisine, j'espère que vous voudrez bien encore me donner les séances dont j'ai besoin, vous ne voudriez pas que je laisse un travail imparfait... votre tête est une étude qui me fera beaucoup d'honneur, je l'espère, permettez-moi donc de l'achever avec soin et de vous remettre ce que je vous dois pour toutes les séances que vous m'avez données...

— Mais, monsieur, vous ne me devez rien, vous m'avez acheté du vin de quinquina...

— Oh! ma chère voisine, cela payait à peine trois séances! depuis vous avez posé au moins dix fois, et je vous paye bien mesquinement en vous remettant ceci.

Casimir met trente francs sur un meuble, revient prendre la main de la jeune fille, et la presse tendrement dans les siennes, en lui disant :

— Vous ne pleurerez plus... n'est-ce pas, vous oublierez la scène de ce matin, et vous me donnerez encore séance ?

Lise sourit en répondant :

« — Il le faut bien, puisque vous le voulez !... » Et Casimir s'éloigne satisfait.

Le lendemain de cette journée si accidentée, Roufflard, qui entre tous les matins chez Casimir pour savoir s'il a quelque commission à lui donner, dit au jeune peintre :

— Je viens de voir mon bon ange, la petite Lise, elle est heureuse comme une reine, et cela, grâce à vous, monsieur !

— Grâce à moi, et comment cela, Rouflard ?

— Parce que, avec l'argent que vous lui avez compté hier, elle a acheté une cuillère d'argent pour sa grand'maman, une fort belle cuillère, ma foi, qui lui a coûté vingt-deux francs. La vieille malade est enchantée, c'était sa toquade, ça lui a rendu une partie de ses forces.

— Je suis charmé d'avoir pu améliorer un peu la position de Lise, qui se tue au travail... et vous, Rouflard, avez vous posé chez le peintre auquel je vous ai adressé?

— Oui, monsieur... mais ce n'est pas pour faire un Romain, c'est pour un saltimbanque. Du reste, cela m'est parfaitement égal ! poser pour un héros ou pour un voleur, c'est toujours poser.

Quelques jours s'écoulent : Casimir n'en passe pas un sans monter chez Lise, qui lui a fait voir la belle cuillère d'argent, en lui disant :

— Je suis bien contente ! seulement, croiriez-vous, monsieur, que je rêve toutes les nuits qu'on me la vole... Cela me donne le cauchemar.

— Cela se passera, ma petite voisine, on s'habitue à tout, même aux couverts d'argent.

Casimir n'est pas retourné chez madame Montémolly,

et à sa grande surprise, il n'a plus entendu parler d'elle depuis leur rupture. Il se félicite d'avoir enfin brisé une chaîne qu'il ne pouvait plus supporter, et se livre avec ardeur au travail, car il veut pouvoir se suffire à lui-même. Son petit tableau de genre vient très-bien, le marchand de tableaux qui est venu le voir, en est fort content, et lui a même offert de lui avancer de l'argent dessus, s'il en avait besoin.

Mais tout en allant et venant dans la maison, Rouflard, qui cause souvent avec le portier, remarque, la veille du terme, et pendant que le locataire du premier déménage, que Chausson se frotte les mains, se donne beaucoup de mal pour que le déménagement se termine, puis une fois que tout est enlevé, se met à cirer le palier du premier, à balayer avec soin dans l'appartement resté vide, et à s'assurer que tout est propre et qu'il n'y a pas de toiles d'araignées nulle part.

— Diable! Chausson, comme vous vous démenez dans votre premier! dit Rouflard au concierge, vous n'avez jamais tant frotté que ça chez moi, dans mon beau temps!

— C'est que même, dans votre beau temps, Rouflard, vous n'avez jamais eu un appartement aussi splendide!...

— Est-ce qu'il est loué, votre premier?

— Oui, certes, il est loué, et joliment loué... je présume qu'on emménagera demain, j'ai fait filer les autres aujourd'hui, pour avoir le temps de tout disposer ici...

ah! ah! je veux qu'en y entrant on soit flatté de voir tout reluisant...

— Est-ce que c'est un dentiste qui vient dans la maison ?

— Un dentiste !... oh! non ! ce n'est pas un dentiste! c'est une dame... et une fort belle dame, même...

— Ah! j'entends, c'est une cocotte grand numéro!

— Non, monsieur... est-ce que je loue à des cocottes, moi!... est-ce que la maison n'est pas bien habitée... excepté par vous.

— Chausson, ne m'insultez pas... vous trouveriez difficilement un homme d'aussi bon genre que moi pour habiter votre grenier.

— Oui, quand vous n'êtes pas gris, vous avez encore une assez belle prestance.

— Et votre belle dame a-t-elle un mari ?

— Non... du moins, je ne le crois pas... Après tout, puisqu'elle arrive demain, je puis bien vous dire qui c'est, à vous.

— Est-ce que je la connais ?

— Vous avez dû la voir chez M. Casimir, c'est elle qui venait le voir si souvent... autrefois... car elle n'est pas revenue depuis qu'elle a loué.

— Comment! ce serait madame Montémolly qui a loué votre appartement du premier ?

— Justement, madame Montémolly, c'est bien le nom qui est sur sa carte.

— Ah bigre !...

Rouflard s'empresse de monter chez le peintre, et lui dit :

— Je viens vous apprendre une nouvelle... l'appartement du premier a été loué par madame Montémolly, et elle emménage demain.

Casimir est atterré, il se croyait pour jamais délivré d'Ambroisine, et elle vient demeurer dans sa maison; il ne doute pas que ce ne soit pour épier sa conduite et s'assurer des rapports qui existent entre lui et la jeune fille du cinquième. Ces rapports sont fort innocents, mais aux yeux du monde, qui cherche partout le mal et jamais le bien, ils paraîtront coupables. Ce que Casimir craint surtout, c'est que les fréquentes visites qu'il fait à Lise ne lui attirent encore quelque scène désagréable. Il est sur le point de monter chez sa petite voisine pour la prévenir de ce qui arrive; mais il se dit : A quoi bon lui causer d'avance de la frayeur. Attendons. Ambroisine n'a peut-être pas loué pour elle, il est encore possible qu'elle n'emménage pas demain.

Mais le lendemain le doute n'est plus possible : on emménage au premier, et c'est bien son ancienne maîtresse que Casimir voit arriver; il entend déjà dans l'escalier la voix criarde de la domestique, Adrienne, qui est fort contrariée que l'on ait quitté le logement de la rue Meslée, qui donnait sur le boulevard, pour venir demeurer dans la rue Paradis-Poissonnière, et prendre un appartement où la chambre de la bonne est sous la même clef que celle des maîtres.

Alors le jeune peintre se décide à monter chez Lise. A son air embarrassé, ému, la jeune fille devine qu'il est arrivé quelque événement fâcheux, et qui dit :

— Vous avez quelque chose... est-ce que cette dame est revenue vous voir... est-ce qu'elle va venir ici ?

— Non, non, ce n'est pas cela, Lise, mais cependant... c'est quelque chose qui va vous contrarier, j'en suis sûr.

— Parlez donc !

— Cette dame... car c'est d'elle, en effet, qu'il s'agit... le logement du premier était à louer pour le terme... vous le savez sans doute ?

— Moi ! pas du tout !... est-ce que je m'occupe de ce qui se passe dans la maison ?... Eh bien, le logement ?...

— Il est loué... par... par cette dame...

— Qui est venue ici...

— Oui.

— Ah ! mon Dieu ! et elle y viendra bientôt ?

— Elle y emménage aujourd'hui...

— Elle est ici ! dans la maison... ah ! allez-vous-en, monsieur Casimir, allez-vous-en bien vite... si elle montait et vous trouvait... j'en ai peur de cette dame...

— Rassurez-vous, Lise, elle ne viendra plus chez

vous, j'en suis persuadé ; quel motif aurait-elle pour y revenir?

— Elle viendra vous chercher...

— Non, je vous ai dit que je ne la voyais plus. Nous sommes brouillés... et si elle voulait me parler, c'est chez moi et non pas chez vous qu'elle viendrait me trouver...

— Ah ! vous dites cela pour me rassurer... désormais, je n'oserai plus descendre l'escalier... heureusement, je le descends bien peu ! une fois seulement, de très-grand matin, pour aller faire mes petites provisions... c'est égal, monsieur Casimir, mon portrait est fini, vous en êtes convenu hier ; il ne faudra plus venir me voir...

— Ah ! Lise... je ne suis donc plus votre ami ?... Quoi, vous ne voulez plus me recevoir chez vous ?

— Je ne dis pas cela, mais je ne veux pas que cette dame vous y trouve.

— Je serai prudent, je connais les habitudes de cette dame... et puis je guetterai ses sorties... Rouflard me tiendra au courant, je puis compter sur lui.

— Ah ! c'est un bien bon homme que ce Rouflard... quel dommage qu'il se grise... mon Dieu, il me semble que j'entends monter...

— Non... c'est au quatrième que l'on ouvre...

— Monsieur Casimir, vous allez emporter votre chevalet... en le voyant ici, on dira : il y va donc oujours peindre... il ne faut pas qu'on puisse dire cela...

— Soit, je vais emporter mon chevalet... mais cela ne m'empêchera pas de venir vous voir tous les jours... c'est pour moi une si douce habitude... je ne pourrais plus travailler de la journée si je ne vous voyais pas le matin... vous n'êtes donc pas de même, vous...

Lise ne répond rien, mais elle soupire en regardant Casimir, et son regard valait la meilleure réponse. Le jeune peintre lui serre la main et se décide enfin à emporter son chevalet.

## XV

#### MADEMOISELLE PROH MALADE.

Pendant toute cette journée, Casimir a eu une espèce de fièvre, il est resté chez lui, mais il a laissé entr'ouverte sa porte d'entrée pour entendre ce qui se passe sur l'escalier, et il n'a entendu que le jeune Phonphonse chanter sur l'air du carillon de Dunkerque :

*Une grande girafe*
*Ça rime avec carafe ;*
*Mais Mandril sapajou*
*Ça rime avec coucou !*

— Qui est-ce qui t'a appris cette infâme chanson ? dit tout à coup madame Proh, en sortant de chez elle.

— C'est Rouflard qui la chante souvent en descendant de son taudis.

— Quel monstre que ce soulard de Rouflard! je ne comprends pas que mon voisin, M. Casimir, emploie un tel homme... et toi, Phonphonse, si tu chantes encore cette chanson-là, tu seras fouetté et mis au pain sec.

— C'est bon, si tu me donnes du pain sec, je dirai que tu as craché tes fausses dents, hier, en éternuant.

— Taisez-vous, Lucifer!... O dieu! et dire qu'il y a des gens qui désirent avoir des enfants!...

Casimir ne sort de chez lui que pour aller dîner. En arrivant sur le carré du premier étage, il passe bien vite, puis sort de la maison sans relever la tête. Il va le soir au spectacle, ne rentre qu'à près de minuit; mais il voit encore beaucoup de lumière dans les pièces du premier étage. Sans doute madame Montémolly s'occupe de ranger dans son nouveau logement. Il prend, suivant sa coutume, de la lumière chez le concierge; alors celui-ci lui dit d'un air malin :

— Monsieur sait sans doute qui il a maintenant le bonheur d'avoir pour voisine?

— Non, monsieur Chausson, et je vous assure que cela m'intéresse peu.

— Monsieur ne dira pas cela quand il saura que j'ai loué le premier à madame Montémolly... une amie... intime de monsieur

— D'abord, monsieur Chausson, vous faites des amies intimes de simples connaissances... ensuite nous avons eu une légère discussion... cette dame et moi... je ne la vois plus.

— Ah! quel dommage!... je gage que c'est au sujet de cette gueuse de politique!... ça brouille tout le monde... mais monsieur se raccommodera avec cette dame, qui a de bien belles manières.

— Donnez-moi donc ma lumière, et faites-moi le plaisir de ne plus revenir sur ce sujet.

Casimir se hâte de monter chez lui, et le portier le regarde aller, en murmurant :

— Ah! il est brouillé avec cette dame!... que les hommes sont *changeurs!*... vous me direz, et les femmes aussi; alors, c'est que c'est dans la nature.

Le lendemain matin, le jeune peintre monte chez Lise; mais, auparavant, il a vu Rouflard et l'a posé en sentinelle sur l'escalier, avec ordre de chanter l'air des *Lampions* s'il voit monter la dame du premier. De cette façon, il ne sera pas surpris chez sa petite voisine, il aura descendu les deux étages avant qu'Ambroisine n'ait eu le temps de gravir les siens.

Lise est encore tremblante en voyant Casimir entrer chez elle. Mais celui-ci la rassure en lui apprenant la consigne qu'il a donnée à Rouflard, relativement à la dame du premier. Casimir ne cesse de répéter à Lise que ce n'était pour lui qu'une simple connaissance,

13

une personne qui voulait le protéger, mais qui abusait de l'ascendant qu'elle avait pris sur lui, ascendant dont depuis longtemps il était résolu à se délivrer. La jeune fille, qui ne connaît rien de ce qui se passe dans le monde, croit tout ce que lui dit son voisin. On cause longtemps, le temps passe si vite quand on est bien ensemble. Tout à coup, Lise pâlit, en s'écriant :

— On a chanté !...

— Mais ce n'est pas Rouflard, c'est ce maudit gamin de petit Proh...

— C'est égal, j'entends beaucoup de bruit dans la maison... il faut vous en aller.

— C'est Adrienne que vous entendez, la bonne de madame Montémolly... quand cette fille-là est quelque part, on n'entend qu'elle.

— Elle va voir Rouflard dans l'escalier.

— D'abord, pour le voir, il faudra qu'elle regarde en l'air.

— Oh! je suis bien sûre que c'est aussi sa consigne à elle.

— Allons, calmez-vous, ma charmante Lise, je m'en vais... mais à demain...

— Oh! oui... à demain... je tâcherai de m'habituer à avoir peur.

Huit jours s'écoulent de la sorte. Casimir monte le matin chez Lise, après avoir mis Rouflard en faction sur l'escalier. Mais il n'a pas rencontré Ambroisine, il ne l'a pas même aperçue. Cependant, il est bien persuadé qu'elle a eu son projet en venant demeurer dans sa maison. Il sait qu'elle est assez fière, assez orgueilleuse pour ne pas chercher à se raccommoder avec lui; mais il sait aussi qu'elle est vindicative et doit avoir formé le projet de se venger.

Le neuvième jour de son entrée dans son nouveau logement, Ambroisine, vers le milieu de la journée, monte les quatre étages qui conduisent chez Lise et entre tout à coup chez la jeune fille, qui demeure pâle et tremblante à son aspect.

Cependant la belle dame n'a point cet air terrible avec lequel elle s'est montrée une fois à Lise; bien au contraire, c'est en souriant, c'est d'un air aimable, gracieux qu'elle l'aborde, et lui dit :

— Pardon, mademoiselle, je vous dérange peut-être, mais depuis quelques jours je suis votre voisine... j'habite au premier... j'ai su, par madame Proh, que vous vous occupiez de travaux de lingerie, et je viens vous demander si vous consentirez à travailler pour moi?

Lise est tellement émue qu'elle peut à peine balbutier :

— Mon Dieu, madame... mais... veuillez vous asseoir... Pardon, je n'ai pas bien entendu ce que vous m'avez dit.

— Remettez-vous, mademoiselle... est-ce que je vous fais peur?...

— Oh! oui, madame... c'est-à-dire, non, madame, plus à présent... mais c'est que je craignais...

— Que je vinsse encore faire une scène à M. Casimir?... rassurez-vous, l'autre jour j'ai eu tort, j'en conviens... mais je suis très-vive... ce monsieur m'avait plusieurs fois manqué de parole pour mon portrait... et cela m'avait donné de l'humeur... Et votre portrait est fini, à vous?

— Oui, madame.

— Mais M. Casimir vient toujours vous voir?

— Quelquefois, madame...

— Mon Dieu, il en a bien le droit. Vous ne m'avez pas répondu, mademoiselle, sur le but de ma visite; voulez-vous travailler pour moi?

— Oh! certainement, madame, avec plaisir.

— Fort bien. Brodez-vous?

— Oui, madame.

— Tenez, voilà des mouchoirs de batiste, il faudra y broder mon chiffre... comme sur celui-ci... pourrez-vous?

— Assurément, madame.

— Alors, je vous laisse ces six et le modèle; mais vous ferez cela à votre aise, quand vous aurez le temps, je n'en suis nullement pressée. Quant au prix, vous le ferez vous-même.

— Oh! madame, je serai toujours satisfaite de ce que vous donnez.

— Adieu, mademoiselle, ou plutôt, au revoir, car vous me permettrez de venir quelquefois savoir si vous pensez à moi.

— Oh! quand madame voudra.

— Je ne vous fais plus peur, j'espère?

— Non, madame; au contraire... je sens à présent que je serai heureuse de recevoir madame.

Ces paroles semblent surprendre Ambroisine qui, cependant, fait un salut gracieux à la jeune fille et s'éloigne. Lise est toute émue, mais bien contente de ce que le chevalet n'était plus chez elle. Le lendemain, elle ne manque pas de faire part à Casimir de la visite qu'elle a reçue. Celui-ci n'en est pas satisfait; il secoue la tête, en murmurant :

— Ambroisine, qui veut que vous travailliez pour elle... Ambroisine, aimable, gracieuse avec vous... hom! cela n'est pas naturel... prenez garde, Lise, ne vous confiez pas à cette dame... car ceci cache quelque perfidie!

— Oh! monsieur Casimir, je crois que vous avez tort, et que maintenant vous êtes injuste envers cette dame; moi je n'en ai plus peur du tout... au contraire, c'est bien drôle, il me semble que je suis prête à l'aimer...

— Ah! c'est que vous êtes sans défiance, que vous ne vous méfiez pas des piéges qu'on peut vous tendre!

— Des piéges?... oh! cette dame a un sourire charmant... cela ne peut pas cacher une perfidie.

— On voit bien que vous ne connaissez pas le monde.

— Mon Dieu, c'est donc une bien vilaine connaissance puisqu'il faut toujours se méfier de lui !

— Ainsi, vous ferez l'ouvrage que cette dame vous a donné ?

— Sans doute... ce sont des mouchoirs superbes à broder... mais ce sera long.

— Et vous irez les reporter chez elle quand ce sera fait ?

— Oui. Est-ce que je ne fais pas ainsi pour madame Proh ? pourquoi serais-je moins polie pour cette dame du premier ?

Casimir ne dit rien, mais il quitte Lise, très-inquiet de la visite qu'elle a reçue.

A quelques jours de là, mademoiselle Angélina Proh tombe malade ; sa mère craint que ce ne soit une fluxion de poitrine ; son père prétend que c'est une fièvre miliaire, et le jeune Proh assure que sa sœur n'est malade que pour avoir trop mangé de raisiné. Mais les indigestions sont quelquefois pernicieuses, et peuvent donner lieu à d'autres maladies ; que le raisiné y soit ou non pour quelque chose, toujours est-il certain que la jeune fille a une forte fièvre, une soif ardente, et parfois un peu de délire.

Les Proh n'ont pas de bonne ; le ci-devant professeur prétendant que, dans une maison où il y a deux femmes, on ne doit pas avoir besoin d'en prendre une troisième pour les soins du ménage, que ce serait un luxe inutile. Il n'y a donc que madame Proh pour soigner sa fille, car le papa se renferme dans sa dignité, et, comme le petit Phonphonse casse tout ce qu'il touche, on ne peut pas l'utiliser. La jeune Angélina, ayant été assez malade pour qu'il faille veiller près d'elle la nuit, madame Proh est sur les dents, et dit un matin à son mari :

— Monsieur, je n'en puis plus, si cela continue, je vais à mon tour tomber malade... voilà deux nuits que je passe et je ne suis pas de fer...

— Madame, je n'ai jamais prétendu que vous étiez de fer... si les femmes étaient en fer, ce serait bien incommode dans les relations que la nature nous ordonne d'avoir avec elles.

— Voyons, Castor, pourquoi ne voulez-vous pas prendre une domestique... notre position nous le permet...

— Notre position est très-correcte comme elle est : nous sommes quatre, le carré parfait, un de plus dans la maison y dérangerait l'équilibre et la rectitude... non, rectitude n'est pas le mot propre, je dois dire le rectangle...

— Ah! monsieur, que vous me faites souffrir avec vos carrés et vos combinaisons. Voulez-vous donc que je tombe malade?

— Non, madame, car il faudrait double tisane, double sirop, et par conséquent ce serait double dépense, ce ne saurait être mon désir.

— C'est pourtant ce qui arrivera s'il faut que je passe encore cette nuit près de ma fille... Voulez-vous la passer, vous, monsieur?

— Moi? mais vous savez bien, madame, que, lorsque mon heure de dormir est venue, il m'est impossible d'y résister; je deviens une marmotte, un sabot, si vous aimez mieux, quoique la comparaison soit biscornue, je ne serais donc d'aucune utilité.

— Alors il faut prendre une garde...

— Une garde! introduire une étrangère dans mes lares!... fi donc! c'est stupide, dangereux et onéreux.

— Cependant je vous déclare que je ne veux point passer la nuit prochaine... j'y succomberais... Ah! une idée!... la petite Lise... oui, elle est très-obligeante, elle ne refusera pas de venir un peu me relayer,... vous ne direz pas que c'est une étrangère, celle-là... on la connaît.

— La petite Lise... oui, elle demeure dans la maison. A la rigueur, on peut l'employer.

— Je monte tout de suite chez elle, car je veux être sûre d'avoir quelqu'un cette nuit près de ma fille.

Lise est moins surprise en voyant entrer chez elle la dame du troisième pour qui elle a travaillé souvent.

Madame Proh lui explique sur-le-champ le motif de sa visite, et la jeune fille répond :

— Mon Dieu, madame, je ne demanderais pas mieux que de vous être agréable, mais, pour aller chez vous, il me faudrait quitter ma grand'mère...

— La quitter, ma petite, mais pendant qu'elle dormira, alors elle n'a pas besoin de vous... songez donc que vous pourrez ne descendre qu'à dix heures du soir, et le matin, dès six heures et demie, sept heures au plus, vous reviendrez près d'elle. D'ailleurs, ne va-t-elle pas mieux, votre grand'mère?

— Oui, madame ; grâce au vin de quinquina, elle va beaucoup mieux depuis quelque temps... n'est-ce pas, mère, que tu vas mieux?

La vieille femme se soulève un peu sur son lit, en disant :

— Oui, ma fille, oui, je vais mieux... ah ! c'est que tu me soignes bien aussi... et puis tu m'as donné une cuillère d'argent, ça m'a fait bien plaisir... Montre-la donc à madame.

— Ah ! bonne maman, cela intéresse peu madame.

Cependant, pour être agréable à sa mère, Lise montre à madame Proh la cuillère d'argent qui est bien simple.

— C'est une preuve que vous avez de l'économie, dit Céleste, je vous en fais mon compliment...

Puis, madame Proh s'approche de la paralytique, et lui dit :

13.

— N'est-il pas vrai, que pour une nuit, vous pourriez vous passer de votre fille et permettre qu'elle vienne veiller près de la mienne qui est malade... elle ne descendrait qu'à dix heures du soir et remonterait dès le matin ; ah ! cela me rendrait bien service.

— Oui, oui, elle le peut... vas-y, Lise, pour obliger madame. Tu sais bien, qu'une fois endormie le soir, je n'ai plus besoin de toi... oh ! je me porte mieux.

— Comment, bonne maman, vous voulez bien que je vous quitte toute une nuit ?

— Oui, ma fille, oui ; il faut obliger madame.

— Allons, puisque vous y consentez... Eh bien, madame, ce soir, à dix heures, je serai chez vous.

— Ah ! merci, vous êtes bien gentille... je me sauve bien vite, car il faut que je prépare la tête de veau de mon mari ; à ce soir.

A dix heures précises, lorsqu'elle est certaine que sa vieille mère dort paisiblement, Lise sort de sa chambre et se rend chez madame Proh. Celle-ci l'attendait avec impatience, car elle avait grand besoin de dormir. Elle conduit sa petite voisine dans la chambre où couche sa fille, et l'y installe, en lui disant :

— Angélina va mieux aujourd'hui, je crois que sa nuit ne sera pas mauvaise ; en tous cas, voilà sur cette table tout ce qu'il faut. La tisane sur la lampe à esprit de vin ; du sucre pour la tisane... une petite cuillère pour le faire fondre, puis une grande cuillère à bouche pour donner de ce sirop que vous voyez dans cette bouteille; mais cela, vous ne lui en donnerez que si elle ne pouvait pas dormir et était agitée; vous comprenez bien?

— Oui, madame, oh! tout cela n'est pas difficile.

— S'il survenait quelque accident, vous m'éveilleriez, je couche dans la chambre à côté... mais j'espère qu'il n'arrivera rien. Voilà un grand fauteuil dans lequel vous serez bien... et des livres... aimez-vous à lire?

— Oh! beaucoup, madame.

— Alors voilà un roman qui vous captivera; c'est rempli de crimes, assassinats, pendaisons, tortures, c'est bien amusant... Angélina l'a déjà lu deux fois... c'est depuis ce temps-là qu'elle a eu le délire... Mais je vais me coucher, car j'ai bien sommeil... mes hommes dorment déjà comme des cruches... je vais en faire autant... ma fille repose, je n'ai pas besoin de vous dire qu'il ne faut pas la réveiller.

— Oh! soyez tranquille, madame.

— N'oubliez pas mes instructions : une grande cuillerée de sirop, seulement si elle avait de l'agitation.

— Oui, madame.

Madame Proh s'éloigne. Lise, qui n'a pas manqué d'apporter de l'ouvrage, se met à sa broderie. Au bout de quelque temps la malade demande à boire, et Lise s'empresse de lui donner une tasse de tisane. Angélina reconnaît Lise, et lui dit :

— Ah! c'est vous qui me veillez... oui, maman m'en avait prévenue...

— Comment vous trouvez vous, mademoiselle?

— Beaucoup mieux.

— Voulez-vous une cuillerée de sirop?

— Non, ce n'est pas la peine...je sens que je vais me endormir ; merci.

En effet, bientôt mademoiselle Proh se rendort. Lise s'est remise à sa broderie, mais ce genre de travail fatigue les yeux. Elle le quitte un moment, et cède au désir de connaître le roman que madame Proh lui a vanté. Elle s'établit dans le grand fauteuil ; mais, au bout de quelque temps, est-ce la fatigue, est-ce l'effet du roman, Lise s'endort profondément.

Il est six heures du matin lorsque madame Proh entre dans la chambre de sa fille, et Lise se frottait encore les yeux.

— Eh bien, comment s'est-elle passée cette nuit? demande Céleste. Notre malade dort encore, c'est bon signe.

— Oh! madame, la nuit a été fort calme; mademoiselle votre fille ne m'a demandé à boire qu'une fois.

— Très-bien; alors elle n'a pas pris de son sirop?

— Non, madame.

— A merveille! Décidément, je crois qu'Angélina va entrer en convalescence.

— Madame, puisque vous voilà levée, vous permettez que je retourne tout de suite près de ma grand'mère, n'est-ce pas?

— Oui, certainement, allez, ma chère... nous nous arrangerons pour le prix de votre veille.

— Oh! madame, ne parlez pas de cela, je suis trop heureuse d'avoir pu vous être agréable!...

Et la jeune garde, pressée de remonter chez elle, est déjà dans la pièce d'entrée, lorsque la voix de madame Proh la rappelle :

— Lise, Lise!...

— Qu'y a-t-il madame?

— Où donc avez-vous fourré la grande cuillère pour le sirop?... je ne la trouve plus.

— La grande cuillère... mais elle doit être à la même place, madame; puisque je n'ai pas eu besoin de m'en servir...

— Vous ne vous en êtes pas servi!... cependant elle n'y est plus sur la table... voyez, regardez vous-même...

Lise regarde sur la table, puis dessous, puis sur tous les meubles, madame Proh en fait autant de son côté, mais on ne trouve pas la grande cuillère.

— C'est bien singulier, dit Lise.

— C'est plus que singulier, s'écrie Céleste, dont la physionomie a déjà pris un aspect sévère. Enfin, mademoiselle, vous savez fort bien que je vous ai laissé sur cette table deux cuillères en argent, une petite et une grande... voilà la petite, où est la grande?... il me la faut, il me la faut, il me la faut!... personne d'autre que vous n'est entré ici... donc, c'est vous qui en répondez... et vous vous sauviez si vite...

— Mon Dieu, madame, est-ce que vous pouvez croire que j'emportais votre cuillère... ah! fouillez-moi, madame, regardez partout... dans mes poches, dans ma robe... ah! grand Dieu! me soupçonner de voler...

— Je ne dis pas cela, petite; mais quelquefois, par mégarde... sans faire attention...

— Ah! voyez, madame, je vous en supplie, fouillez-moi!...

Madame Proh s'empresse de visiter les poches de Lise; elle la tâte partout, l'ausculte comme le ferait un chirurgien, elle examine jusqu'à ses souliers, quoique la jeune fille ait le pied si mignon que sa chaussure pourrait à peine contenir une petite cuillère. Cette inspection sévère prouve à l'épouse du professeur que Lise n'emportait pas la cuillère.

— Eh bien, madame, êtes-vous persuadée maintenant que je n'emportais rien? dit Lise.

— Certainement, je vois bien qu'elle n'est pas sur vous, mais alors, qu'en avez-vous donc fait?... voyons... cherchez... vous avez peut-être vidé de l'eau par la fenêtre et vous l'aurez jetée avec.

— Non, madame, je n'ai rien jeté par la fenêtre.

— Où dans le plomb?

— Je ne suis pas sortie de cette chambre, madame; je ne suis pas allée sur le carré...

— Oh! sur le carré... au fait, vous n'auriez pas pu y aller, car je ferme toujours la porte du carré à triple tour... et il y a un verrou à secret... je viens de l'ouvrir seulement...

— Ainsi, madame, vous êtes bien certaine que je ne suis pas sortie de chez vous cette nuit pendant votre sommeil...

— Mon Dieu, je ne dis pas le contraire !... mais tout cela ne me rend pas ma cuillère...

— Elle se retrouvera, madame, elle se retrouvera au moment où l'on y pensera le moins.

— Mais où diable l'avez-vous cachée...

— Pourquoi voulez-vous que je l'aie cachée, madame, dans quel but? pour quel motif? Je retourne près de ma mère, madame, car elle doit être éveillée, maintenant... vous êtes bien sûre que je n'emporte pas votre cuillère, n'est-ce pas, madame?

— Je suis sûre qu'elle n'est pas sur vous... mais que diable en avez-vous fait?

— Mon Dieu, madame, s'il faut vous en payer la valeur, je la paierai... j'y parviendrai à force de travail; mais, de grâce, ne parlez pas de cela à ma grand'mère, ça lui ferait trop de mal...

— C'est bien, mademoiselle, c'est bien, j'en causerai avec M. Proh.

Lise remonte chez elle bien triste et les yeux pleins de larmes, en se disant :

— Soupçonnée d'avoir volé !... ah ! c'est affreux, cela... M. Casimir avait bien raison de me dire : méfiez-vous du monde !... Et pourtant cette dame ne peut vouloir me faire de la peine; mais qu'est donc devenue cette malheureuse cuillère !...

## XVI

### ENCORE UN FAIT EXTRAORDINAIRE.

Madame Proh ne manque pas de raconter cette aventure à son époux, et le professeur de s'écrier :
— N'introduisez jamais d'étrangers dans vos lares ! je vous avais prévenue, madame ; nous voilà faits d'une cuillère, c'est votre faute.
— Mais, monsieur, cette petite Lise n'est pas une étrangère... d'ailleurs, je suis bien persuadée qu'elle n'a pas emporté notre cuillère.
— Alors, madame, celle-ci s'en est allée toute seule.
— Monsieur, j'ai fouillé la petite, je l'ai visitée partout, elle n'avait pas l'objet.
— Vous avez cru visiter partout... il y a des endroits mystérieux où l'on cache bien des choses... demandez

aux voleurs où ils cachent les diamants qu'ils ont pris...

— Eh! monsieur, une grande cuillère ne se dérobe pas comme un diamant... encore si c'était une petite!...

— Madame, il y a des personnes qui ont de grandes facilités.

Cette histoire de cuillère d'argent disparue est bientôt sue dans toute la maison, et le sujet des conversations. Mademoiselle Adrienne, qui l'entend conter chez le concierge, ne manque pas d'aller la rapporter à sa maîtresse, qui l'écoute avec attention, mais sans y ajouter aucune réflexion.

— Madame a donné de l'ouvrage à faire à cette jeune fille, dit Adrienne, mais quand elle viendra ici rendre son ouvrage, j'aurai soin d'avoir l'œil sur elle et de ne laisser rien traîner.

— Quand elle viendra ici, dit Ambroisine, vous resterez dans votre chambre jusqu'à ce que je vous appelle. Souvenez-vous-en...

Mademoiselle Adrienne s'éloigne en marronnant. Le concierge a visité la cour, les eaux écoulées des plombs; il est persuadé que la jeune fille du troisième n'est pas coupable. Le petit Phonphonse chante dans l'escalier :

*Il nous manqu'une cuillèr' d'argent,*
*Depuis que Lise a gardé ma sœur.*

Et Rouflard, qui entend cela, prend le petit garçon

par son fond de culotte et le tient suspendu en l'air, en lui disant :

— Je gage que c'est toi, drôle, qui a fait le coup; tu auras été prendre la cuillère pendant la nuit pour boire du sirop.

— C'est pas vrai… je couche avec papa… je ne me lève pas la nuit, moi ; c'est bon pour vous…

— Veux-tu te taire, crapaud !…

Les cris de l'enfant font accourir les époux Proh, ainsi que le jeune peintre. En apprenant les bruits qui courent au sujet de Lise, Casimir est furieux; il s'adresse à madame Proh :

— J'espère, madame, que vous ne soupçonnez pas Lise de vous avoir dérobé cette pièce d'argenterie qui vous manque?

— Je ne dis pas qu'elle l'a prise, monsieur ; mais je dis qu'elle l'a perdue et c'est fort désagréable.

— Madame, je me porte caution pour cette jeune fille, et, telle chose qui arrive, vous n'aurez rien perdu.

— Et moi, s'écria Rouflard, je répète que la petite Lise est incapable de commettre une vilaine action !… c'est un modèle de probité, comme de sagesse et de bonté. Celle qui travaille sans relâche pour faire vivre une vieille paralytique, ne doit pas un instant être soupçonnée.

— Mais il paraît que la vieille mère a un grand amour pour les cuillères d'argent, reprend madame

Proh, car elle m'en a montré une que sa Lise lui a achetée...

— Ce qui vous prouve qu'elle n'a pas besoin de la vôtre.

— Abondance de biens ne nuit pas, dit le professeur.

— Voilà une réflexion bien digne de M. Prorata.

Les époux Proh rentrent chez eux avec colère. Casimir se hâte de monter chez Lise. Il la trouve avec les yeux rougis par les larmes ; elle met un doigt sur sa bouche en lui montrant sa grand'mère. Casimir comprend qu'elle lui a caché l'aventure de la cuillère ; il va s'asseoir près de la jeune fille et lui prend la main, en murmurant bien bas :

— Vous avez donc encore du chagrin, Lise, vous qui mériteriez d'être si heureuse.

— Ah ! monsieur Casimir, vous savez l'histoire de la cuillère, sans doute... j'entends d'ici le petit garçon de madame Proh qui la chante dans l'escalier.

— Oui... je sais à peu près...

— Mais vous ne croyez pas que j'ai voulu prendre une cuillère d'argent à madame Proh, n'est-ce pas?

— Pouvez-vous me faire cette demande... est-ce que je ne sais pas, moi, ce que vous valez!... ah! je vous rends justice, votre âme est pure comme votre regard...

— Et madame... Montémolly... l'avez-vous vue?... savez-vous ce qu'elle pense de cela ?

— Je n'ai pas vu cette dame... je ne la rencontre

jamais... elle doit penser comme presque tous les autres locataires, qu'il y a là-dessous une malice, ou plutôt une méchanceté du petit garçon.

— Non, il n'est pas venu dans la chambre.

— Est-ce que vous n'avez pas dormi un seul insta dans la nuit?

— Ah! si... j'ai dormi... assez longtemps même.

— Eh bien, pendant votre sommeil on a pu entrer, prendre cette cuillère... soyez tranquille, avant peu je gage qu'on la retrouvera.

Six jours s'écoulent et les Proh n'ont pas retrouvé leur cuillère. Cependant Ambroisine a pris chez elle la fille de son amie Florentine, pendant que celle-ci est allée prendre les bains de mer. La petite fille a huit ans, elle est fort gentille; mais la rougeole vient de se déclarer, ainsi qu'une forte fièvre, chez la petite Adeline. Mademoiselle Adrienne, qui a très-peur d'attraper la rougeole, ne s'approche qu'en rechignant du lit de l'enfant malade.

Alors Ambroisine monte de bon matin chez Lise, qui d'abord tremble à son aspect, mais se rassure bientôt au sourire de la belle dame ; celle-ci lui dit :

— Mademoiselle, je viens vous demander un service... j'ai chez moi la fille d'une de mes bonnes amies, sa mère me l'a confiée pendant un voyage qu'elle était forcée de faire; j'ai les plus grands soins de la petite Adeline; mais cette enfant a en ce moment la rougeole et une très-forte fièvre; ma domestique, qui a peur de la rougeole, ne la soigne pas assez bien. Enfin, vous m'obligeriez beaucoup si vous vouliez venir passer cette nuit près de l'enfant. Comme je sais que vous avez eu cette complaisance pour madame Proh, j'ai pensé que vous ne refuseriez pas d'en faire autant pour moi.

— Oui, madame, répond Lise en soupirant, oui, j'ai passé une nuit près de la fille de madame Proh, mais vous devez savoir combien cela m'a occasionné de chagrin... une cuillère d'argent a disparu cette nuit-là, elle ne s'est pas retrouvée... madame Proh sait bien que je ne l'ai pas emportée; et, malgré cela, qui sait! il y a peut-être encore des gens qui me soupçonnent.

— Ma démarche, mademoiselle, doit vous prouver que je ne suis pas de ces gens-là; en vous priant, au contraire, de venir la nuit veiller chez moi, j'ai pensé que cela mettrait fin à tous ces bavardages inconvenants. Vous ne pouvez pas me refuser...

— Mais, madame...

— Moi, je ne vous demande pas de venir à dix heures du soir, descendez un peu avant minuit... je me couche tard, ensuite vous remonterez de bonne heure. Vous voyez que votre grand'mère n'aura pas le temps de s'apercevoir de votre absence... Vous consentez, n'est-il pas vrai?

— Madame... je n'ose pas vous refuser... cependant

cela me coûte beaucoup... j'ai tant de chagrin de ma nuit chez madame Proh...

— Enfantillage que tout cela... chez moi, vous n'avez rien à redouter... A ce soir... vers minuit... ou avant si vous voulez.

— Oh! j'aime mieux descendre tard.

— Très-bien, c'est convenu... je vous attendrai, car je veux vous établir moi-même près de ma petite malade.

Ambroisine est partie. Lise désire ardemment voir Casimir pour lui faire part de sa nouvelle contrariété ; le jeune peintre ne se fait pas longtemps attendre. En apprenant ce que madame Montémolly vient de demander à Lise, il en est bien surpris, et semble fâché que celle-ci ait accepté.

— Est-ce que j'ai mal fait de consentir à aller veiller chez cette dame? dit la jeune fille.

— Vous ne pouviez guère lui refuser, je le conçois... ayant déjà accepté d'aller chez madame Proh.

— Et puis cette dame est maintenant très-bonne pour moi... vous voyez qu'elle ne croit pas aux méchants propos que l'on a tenus pour cette cuillère perdue.

— Je vois... en effet, ce que fait là cette dame prouve qu'elle vous rend justice... et cependant... j'ai peine à croire qu'elle vous veuille du bien...

— Pourquoi cela?

— Ah! parce que... enfin, allez cette nuit veiller la

petite Adeline, mais demain, de grand matin, je guetterai votre retour.

— Oh! je remonterai de très-bonne heure.

Il est minuit moins quelques minutes lorsque Lise sonne chez la dame du premier. C'est la grosse Adrienne qui vient lui ouvrir et l'introduit près de sa maîtresse, qui reçoit la jeune fille avec un sourire qui n'est peut-être pas bien franc, mais qui veut le paraître. Elle s'empresse de conduire Lise dans une jolie chambre où couche la petite malade, en disant :

— J'ai mis Adeline dans la chambre que je réserve pour sa mère lorsqu'elle habite la campagne et vient par hasard à Paris. Je pense que vous y serez très-bien... par ce couloir, on peut sortir sans avoir besoin de réveiller personne.

— Oh! madame, je n'aurai pas besoin de sortir cette nuit.. pourquoi faire?

— Voilà une causeuse où vous pourrez vous reposer et même dormir un peu, si la petite est tranquille... Voilà des livres... Ah! voulez-vous souper?

— Oh! non, madame, merci, je ne soupe jamais.

— En tous cas, si vous avez faim, voilà des gâteaux. des biscuits, du vin. Ceci, c'est de la tisane pour la petite... dans cette fiole est une potion calmante. Eh bien, cette sotte d'Adrienne n'a pas mis une cuillère à bouche. Adrienne!... Adrienne!...

La bonne accourt en se frottant les yeux.

— Adrienne, apportez donc une grande cuillère... et des petites... si mademoiselle veut se faire du vin sucré, elle ne se servira pas de celle qu'elle emploiera pour la tisane.

La domestique sort et revient bientôt avec une grande cuillère et deux petites qu'elle pose sur la table de nuit, en disant :

— Ça fait une grande cuillère et trois petites... car il y en avait déjà une là...

— C'est bien, Adrienne, c'est bien, on ne vous en demande pas le compte.

— Mais je suis bien aise de le faire voir à madame...

— Allez vous coucher.

— Oh ! je ne demande pas mieux.

— Maintenant, mademoiselle Lise, je vais aussi aller me reposer... vous avez ce qu'il vous faut... vous ne désirez rien ?

— Non, madame, merci.

— Quand la petite s'éveille, il faut la faire boire ; puis, si elle tousse, de la potion.

— Soyez tranquille, madame.

— Bonsoir, à demain... Je viendrai de bonne heure savoir des nouvelles de ma petite Adeline.

Lise est seule. Elle admire la pièce dans laquelle elle se trouve ; l'ameublement en est tout frais et d'un goût charmant.

— Qu'on est heureux d'habiter un si joli appartement, se dit-elle; mais... après tout, on peut y être aussi très-madade... et y avoir autant de chagrin que dans une modeste chambre sous les toits... voilà des livres, mais je ne lirai pas... j'ai apporté mon ouvrage, je vais travailler.

Lise se met à sa broderie. Bientôt la petite Adeline s'éveille, elle lui donne à boire de la tisane; un peu plus tard l'enfant tousse; elle lui fait prendre une grande cuillerée de sa potion. Une partie de la nuit s'est écoulée ainsi. Sur les trois heures, le sommeil gagne Lise, qui essaye en vain de lui résister, car chez elle le besoin de dormir était impérieux et elle ne pouvait pas toujours le surmonter. Mais sa petite malade dort bien paisiblement, la jeune garde ne tarde pas à en faire autant.

Vers sept heures du matin, Lise s'éveille et, presqu'au même instant, une porte s'ouvre et madame Montémolly paraît enveloppée dans une belle robe de chambre. Elle s'approche du lit, en disant :

— Eh bien, comment va la petite? la nuit a-t-elle été bonne, mademoiselle?

— Oui, madame, très-bonne, on a fort peu toussé et l'on a ensuite bien dormi; moi-même j'ai un peu cédé au sommeil ce matin.

— Il n'y a pas de mal, puisque l'enfant n'avait besoin de rien. Ah! la voilà qui s'éveille. Bonjour, Adeline, comment te sens-tu, ce matin?

La petite fille répond qu'elle se sent mieux, mais elle se met à tousser; aussitôt Ambroisine s'écrie :

— Donnez-moi une cuillerée de sa potion, que je la lui fasse prendre, cela calmera cette toux-là.

Lise court à la table sur laquelle étaient placées la fiole et la grande cuillère.

— Eh bien, mademoiselle, donnez-moi donc de cette potion, reprend Ambroisine, vous entendez bien que l'enfant tousse...

— Oui, madame, oui... mais c'est que... je ne trouve plus la grande cuillère...

— Vous l'aurez posée ailleurs... cherchez-là...

— Mon Dieu! c'est ce que je fais, madame; mais je n'y conçois rien... je ne la vois pas...

— Enfin, vous savez fort bien que vous en aviez une, n'est-ce pas?

— Certainement madame, puisque je m'en suis servie deux fois cette nuit...

— Alors vous cherchez donc bien mal... Adrienne! Adrienne!... ah! elle est capable de dormir encore... Adrienne!...

La bonne arrive enfin en se frottant les yeux :

— Qu'est-ce qu'il y a, madame?

— Il y a que mademoiselle ne retrouve pas la cuillère à bouche qui était là hier au soir...

— Ah! je me le rappelle bien, il y en avait une grande et trois petites...

— Voilà les trois petites, dit Lise, mais je ne comprends pas comment la grande n'est plus là...

— Pardi! s'écrie Adrienne, belle malice, elle aura été rejoindre celle de madame Proh...

— Ah! mademoiselle, c'est affreux ce que vous dites là... Madame, est-ce que vous allez croire aussi que j'ai votre cuillère?

— Mademoiselle, que voulez-vous que je vous dise... quand les faits parlent... il faut pourtant se rendre à l'évidence; vous convenez vous-même que vous aviez ici une cuillère d'argent...

— Oui, madame, oui, j'en conviens... je vous répète que je m'en suis servie cette nuit pour donner de la potion à la petite...

— Eh bien, vous êtes restée seule ici cette nuit... et ce matin cet objet a disparu. Qui donc peut l'avoir pris, si ce n'est vous...

— Ah! madame, fouillez-moi, de grâce... vous verrez que je ne l'ai pas...

— C'est inutile, mademoiselle, quand on dérobe quelque chose on ne le garde pas sur soi.

— Oh! c'est égal, s'écrie Adrienne, je m'en vais la fouiller, moi, parce qu'enfin je ne veux pas qu'il se perde de l'argenterie où je suis en service.

La bonne court aux poches de Lise, elle les retourne entièrement, puis elle tâte la jeune fille du haut en bas, et termine son inspection, en s'écriant:

— Rien! oh! je réponds qu'elle n'a pas la cuillère sur elle.

— Eh bien, madame, vous voyez, dit Lise.

— Je vois que vous ne l'avez pas gardée sur vous, mais si on ne la trouve pas, c'est que vous l'aurez portée ailleurs.

— Mais où donc, madame, puisque je n'ai pas bougé de cette chambre?

— Qui me le prouve, mademoiselle? par ce couloir on peut sortir sans éveiller personne...

— Ah! madame... c'est horrible de penser cela... Mon Dieu! mon Dieu! je suis bien malheureuse!...

Lise éclate en sanglots. Adrienne s'est mise à quatre pattes et visite sous tous les meubles; mais on cherche en vain partout, la cuillère ne se trouve pas. Ambroisine s'approche de la pauvre Lise, qui se désole, et lui dit:

— Rassurez-vous, mademoiselle, je ne donnerai pas de suites à cette affaire, ce qu'une autre ferait peut-être... allez, je ne vous retiens plus... Je me permettrai seulement de dire à M. Casimir qu'il n'est pas heureux dans le choix de ses nouvelles connaissances.

Lise n'en écoute pas davantage, il lui tarde de sortir de cette chambre qu'elle a trouvée si jolie la veille. Elle marche en se soutenant à peine et arrive ainsi sur l'escalier. Mais au second étage, elle trouve Casimir qui l'attendait, et s'écrie, en la voyant tout en larmes:

— Qu'est-il arrivé... qu'avez-vous encore... que vous a-t-on fait pour que vous pleuriez ainsi.

Lise conte à Casimir ce qui vient de se passer, elle lui rapporte les paroles d'Ambroisine, qui lui a dit qu'elle aurait pu sortir sans réveiller personne.

— Mais alors, dit Casimir, on pouvait aussi arriver jusqu'à vous sans être entendu. Avez-vous dormi dans la nuit?

— Hélas, oui, sur les trois heures du matin je n'ai pu résister au sommeil... c'est plus fort que moi.

— Ah! quel malheur, car pendant votre sommeil quelqu'un a pu entrer dans cette chambre.

— Je ne crois pas, on m'aurait réveillée...

— Croire que vous avez dérobé cette cuillère, cela n'a pas le sens commun... après ce qui est déjà arrivé chez madame Proh... qui vous a causé tant de chagrin!

— C'est justement pour cela que l'on m'accuse encore... la domestique de cette dame a dit : la cuillère est allée retrouver celle de madame Proh.

— C'est indigne!... mais calmez-vous, Lise, il y a là-dessous un mystère que je parviendrai à découvrir... je ne prendrai pas de repos que votre innocence ne soit entièrement reconnue.

Le jeune peintre parvient à calmer un peu la douleur de Lise, il la reconduit jusqu'à sa porte, et la quitte en lui promettant encore qu'il lui fera rendre justice. Mais Casimir promettait ce que lui-même ne savait comment tenir, car il se creusait en vain la tête pour deviner comment les cuillères d'argent disparaissaient des chambres où Lise passait la nuit.

Après être entré un moment chez lui, Casimir en sort, décidé à se rendre chez Ambroisine, pour savoir si elle croit vraiment que la jeune fille soit coupable. Mais déjà l'aventure de la nuit est connue dans la maison, car le premier soin d'Adrienne a été d'aller dire au portier que la petite Lise a donné chez sa maîtresse une seconde représentation de la nuit chez madame Proh. Chausson, qui se sent porté pour sa locataire du cinquième, est affligé d'être obligé de la croire coupable ; mais Rouflard, qui a écouté la domestique d'Ambroisine, lui dit :

— Vous êtes une sotte et une mauvaise langue ! il faut être imbécile, après les histoires de cuillère perdue chez les Proh, pour supposer qu'une jeune fille, qui voudrait commettre un vol, a justement refait la même histoire deux étages plus bas...

— Eh bien alors, où est la cuillère?

— Que sais-je... sous vos jupons, peut-être...

— Monsieur, vous m'insultez... je suis une honnête fille, tout le monde le sait, et je m'en vante.

— Quand on est honnête, on ne s'en vante pas, on ne fait que son devoir...

— Cela vous sied bien de parler, vous, qui buvez le rhum qu'on vous envoie acheter... Ah ! je sais cette histoire-là, moi... le concierge m'a conté vos prouesses.

— Vous a-t-il aussi conté les siennes, quand il était mon domestique?

— Vous avez eu un domestique, vous? ah! la bonne blague...

— Peu m'importe que vous le croyiez ou non, ce n'est pas de moi qu'il s'agit, c'est de la petite Lise, que je vous défend d'accuser de vol.

—Vous me défendez... ah! je me moque bien de vos défenses... oui, la petite Lise a volé une cuillère, deux cuillères même...

Adrienne criait cela de toutes ses forces, Rouflard est furieux. Au bruit qui se fait sur le carré du premier, presque tous les locataires sont sortis de chez eux, et Casimir y arrive au moment où Ambroisine sortait aussi de chez elle pour ordonner à sa bonne de se taire.

## XVII

### CE QUE C'ÉTAIT.

Casimir s'est arrêté devant Ambroisine, en lui disant :
— Et vous, madame, croyez-vous aussi que cette jeune fille vous ait dérobé cette pièce d'argenterie qui vous manque ?

Ambroisine tâche de dominer l'impression que lui cause la vue de Casimir, avec lequel elle ne s'était pas trouvée depuis la scène qui avait amené la rupture de leur liaison, et d'un ton légèrement ironique, elle lui répond :

— En vérité, monsieur, je suis fâchée de ce qui arrive, surtout à cause de vous ; je regrette que ce soit votre protégée... celle à qui vous avez sacrifié... une ancienne amitié, qui se soit rendue coupable d'une action si blâmable... mais il faut bien reconnaître ce qui est... ce qui ne peut se nier...

— Mais, madame, cette jeune fille a toujours été un modèle de sagesse, de bonne conduite... Vous savez comment elle travaille pour que sa vieille paralytique ne manque de rien...

— Tout ce que vous voudrez, monsieur, mais alors retrouvez-moi la cuillère...

— On a pu entrer chez vous pendant que Lise dormait, car elle a dormi.

— Qui donc cela... des voleurs? mais le portier saurait bien s'il en est entré dans la maison... et vous ne supposez pas, je présume, que ce soit de chez moi qu'on ait été dans la chambre où mademoiselle Lise gardait Adeline... Elle a dormi, dites-vous, elle le dit, mais qui le prouve?

— Eh! d'ailleurs, s'écrie madame Proh, qui est descendue de son troisième pour se mêler à la conversation, on ne dira pas, que, chez moi, on a pu entrer trouver la garde... ensuite, il y a dans tout cela quelque chose qui doit faire condamner Lise, c'est l'amour, c'est la passion de sa vieille grand'mère pour les cuillères d'argent... sa petite lui en a achetée une dernièrement, qu'elle s'est empressée de me montrer... Il est probable que la vieille aura voulu en avoir d'autres...

— Madame, vous calomniez des gens honnêtes... je ne le souffrirai pas!...

— Je ne calomnie pas... je dis ce qui est... c'est bientôt fait de dire : elle est innocente !... elle est innocente !... alors, monsieur, où sont nos cuillères?

Une dame, qui demeure au-dessus d'Ambroisine, qui a cinquante ans, l'air fort distingué, l'abord froid, même sévère, et ne parle jamais à personne dans la maison, mais qui, attirée par le bruit qui se fait dans l'escalier, a entendu tout ce qui vient de se dire sur le carré du premier, y descend à son tour, et dit à Casimir :

— Monsieur, vous ne croyez pas la petite Lise coupable, ni moi non plus; mais il y a dans tout ceci un mystère qu'il s'agit de découvrir; j'ai dans l'idée que j'y parviendrai...

— Ah! madame !... vous rendrez à la vie cette pauvre Lise, car elle mourra de chagrin si son innocence n'est pas reconnue... parlez, que comptez-vous faire...

— Mon Dieu, monsieur, il faut pour cela que cette jeune fille consente à venir passer cette nuit chez moi... je lui dirai que ma sœur, qui demeure avec moi, est malade et qu'il faut la veiller...

— Ah! madame, Lise ne voudra pas; après ce qui lui est arrivé deux fois, comment voulez-vous qu'elle consente encore à garder quelqu'un?

— Elle le voudra bien, monsieur, si vous vous chargez de l'en prier, et si vous lui dites que c'est pour être certain de son innocence qu'on lui demande ce dernier sacrifice d'une nuit...

— Oh! madame, s'il en est ainsi, oui, je la déciderai à veiller chez vous.

— Eh bien, alors, monsieur, vous me l'enverrez à minuit. Je prierai ces deux dames de vouloir bien aussi se rendre chez moi un peu avant.

— Pourquoi faire? dit madame Proh.

— Pour être témoin de ce qui s'y passera; et, comme je l'espère, reconnaître l'innocence de la petite Lise.

— Oh! madame, il m'est impossible de veiller, ça me donne des courbatures...

— Moi, madame, je ne manquerai pas au rendez-vous, dit Ambroisine, avant minuit j'aurai l'honneur d'aller vous voir.

— Très-bien, avec M. Casimir et moi, ce sera suffisant. Monsieur, vous serez assez bon pour venir dans la journée me dire si Lise consent à veiller chez moi.

— Je vais y monter sur-le-champ, madame, et bientôt vous aurez sa réponse.

— Fort bien. Mesdames, je vous salue.

Madame Durmont, c'est le nom de la dame du second, remonte gravement chez elle, laissant chaque locataire faire ses commentaires.

— Je ne crois pas du tout que cette dame découvrira le pot aux roses, dit madame Proh.

Elle en sera aussi pour sa cuillère, murmure Adrienne.

Madame Montémolly impose silence à sa domestique et rentre avec elle.

— Voilà une dame respectable, s'écrie Rouflard en regardant vers le second étage, elle ne fait pas de cancans, celle-là ; elle se dit : cette petite n'a pas pris les cuillères, mais il y a un mystère, donc il faut le découvrir...

— Et comment fera-t-elle pour cela ? dit le portier.

— Ceci, Chausson est au-dessus de vos capacités...

— Et des vôtres aussi...

— Vous vous oubliez, ci-devant *frontin!*...

— Il n'y a plus de *frontin* ici... je suis concierge...

— Alors, balayez mieux la cour.

Casimir n'a pas perdu un instant, il monte chez Lise, qu'il trouve toujours aussi triste, et lui dit :

— J'ai de bonnes nouvelles à vous annoncer... Madame Durmont, cette dame qui demeure au second étage, s'intéresse à vous et ne doute pas de votre innocence...

— Ah ! je l'en remercie... en effet, cette dame m'a toujours regardée avec bonté...

— Mais ce n'est pas tout, elle veut que la vérité soit connue, que l'on découvre ce que sont devenues les deux cuillères disparues.

— Ah ! que je serai heureuse si elle parvient à faire cela... c'est la vie... car c'est l'honneur qu'elle me rendra... Et comment fera-t-elle pour cela ?

—Mon Dieu... cela va vous paraître singulier... mais il faut que cette nuit vous consentiez encore à aller veiller chez elle, près de sa sœur qui est malade.

— Veiller... passer la nuit loin de ma mère... oh! non, non, vous savez bien que cela me porte malheur.

— Mais cette fois, Lise, c'est au contraire pour vous justifier qu'on vous demande cela... que pouvez-vous craindre... cette dame s'intéresse à vous, cédez, je vous en prie, consentez encore cette fois... j'ai confiance en madame Durmont, elle découvrira le mystère qui règne dans ces deux nuits inexplicables...

— Vous le voulez, eh bien, je ferai ce que vous voulez... mais chez cette dame j'aurai bien soin de ne pas m'endormir.

— Oui, c'est cela; de cette façon vous verrez ce qui se passera. A minuit je viendrai vous chercher et je vous conduirai chez cette dame.

— Vous aurez cette complaisance?

— Ah! Lise, il s'agit de votre bonheur, de votre réputation, croyez-vous donc que quelqu'un s'y intéresse plus que moi? Ainsi, c'est convenu... à minuit vous serez prête?

— Oh! oui, bonne maman repose alors.

— Je viendrai vous chercher.

Et Casimir, en quittant Lise, se rend tout de suite chez la dame du second, et lui dit :

— Lise a consenti; à minuit je vous l'amènerai.

— Très-bien.

— Elle s'est bien promis de ne pas dormir et je l'y ai engagée aussi, afin qu'elle voie si personne ne vient la trouver dans la nuit.

— Oh! vous avez eu tort, monsieur, il faut que Lise dorme au contraire, il le faut... c'est là-dessus que je compte...

— Je ne vous comprends pas, madame.

— Vous me comprendrez cette nuit; au reste, je vais préparer une boisson légèrement soporifique, et je vous prierai d'en faire boire vous-même à cette jeune fille, en lui disant que c'est pour la tenir bien éveillée.

— Mais, madame...

— Monsieur, si Lise ne dort pas, nous ne saurons rien, et cette épreuve sera tout à fait inutile.

— Oh! je vous obéirai, madame, car j'ai confiance en vous.

— J'aime à croire que vous ne vous en repentirez pas. Venez, monsieur, suivez-moi, je vais vous conduire dans la chambre où veillera Lise; c'est celle où couche ma sœur, qui n'est pas du tout malade, mais fera semblant de l'être, et dans la nuit, demandera deux ou trois fois à boire quand sa garde ne dormira pas.

Madame Durmont fait entrer le jeune homme dans une fort belle chambre à coucher qui a deux portes: l'une, qui est vitrée, donne sur une autre pièce; là, le vitrage n'est masqué que par un léger rideau de mousseline. Cette dame conduit Casimir dans cette pièce, et lui dit :

— Ne pensez-vous pas, monsieur, que derrière ce vitrage on peut voir tout ce qui se fait dans la pièce où sera Lise?

— Oui, madame, en effet, rien n'est plus facile; le rideau étant de ce côté, on peut aisément l'écarter.

— D'autant mieux, monsieur, que par la manière dont la chambre de ma sœur sera éclairée, cette porte vitrée sera complétement dans l'obscurité. Eh bien, monsieur, c'est ici, derrière ce vitrage et sans que la jeune fille le sache, que nous passerons la nuit, vous, cette dame du premier et moi; pensez-vous que nous pourrons ainsi voir tout ce que fera Lise?

— Assurément, madame, mais... je ne comprends pas...

— Attendez, monsieur, attendez... et cette nuit, j'espère que vous comprendrez... Vous m'amènerez Lise, et feindrez de rentrer chez vous, mais vous reviendrez ici par cet autre côté; vous vous rappellerez le chemin?

— Soyez tranquille, madame... je n'oublierai rien...

— A cette nuit, monsieur.

Casimir quitte cette dame, en cherchant en vain à deviner ce qu'elle espère. Il rencontre Rouflard et lui fait part de ses inquiétudes... Le ci-devant beau secoue la tête, en disant :

— Moi non plus, je ne devine rien à tout cela; mais

en tout cas, je vous certifie que je passerai la nuit dans l'escalier, devant la porte de cette dame, et que, si quelque voleur de cuillère tentait de s'y introduire, je commencerai par l'assommer.

A minuit sonnant Casimir est chez sa petite voisine. Il la trouve tremblante, bien triste, mais toute prête à le suivre, car sa vieille mère est endormie. Elle s'empresse de prendre son ouvrage, et sans parler, va prendre le bras que lui offre Casimir. On descend ainsi quelques marches.

— Vous tremblez, lui dit son conducteur, auriez-vous froid?

— Oh non, j'ai bien chaud, au contraire; mais je tremble... parce que je prévois encore un malheur...

— Mais au contraire, ce sont vos chagrins qui vont finir... rassurez-vous... cette dame veut que votre innocence éclate aux yeux de tout le monde.

— Et comment fera-t-elle pour cela?...

— C'est son secret.. ayez confiance.

On arrive au second. Madame Durmont vient elle-même au-devant des jeunes gens qu'elle conduit dans la chambre où sa sœur est couchée depuis longtemps.

— C'est ici que vous veillerez, dit-elle à Lise, prenez une tasse de thé, cela vous fera du bien et vous tiendra éveillée.

— Merci, madame, je n'ai besoin de rien.

— Lise, dit Casimir, prenez ce que madame vous offre... je vous en prie, cela vous calmera.

— Si vous le désirez...

Et la jeune fille boit le contenu de la tasse qu'on lui présente.

— Maintenant, bon soir, dit Casimir, je remonte chez moi... à demain...

— Oui... à demain.

Le jeune peintre s'éloigne. Madame Durmont dit à Lise :

— Mon enfant, voilà tout ce qu'il vous faut : de la tisane quand ma sœur demandera à boire... une grande cuillerée de ce sirop quand elle toussera.

— Une grande cuillère... ah ! oui... en voilà encore une... mais on pourrait s'en passer, madame.

— Non... elle est indispensable, au contraire... Avez-vous besoin d'autre chose ?

— Oh ! non, madame, rien absolument.

— En ce cas, je vous laisse ; ma sœur semble moins oppressée ce soir, je crois qu'elle vous donnera peu d'occupations... voilà une grande bergère dans laquelle vous serez à votre aise pour vous reposer... Car si ma sœur dort, vous pouvez bien dormir un peu aussi.

— Oh non, madame, je ne veux pas... je veillerai toujours...

— Bon soir, mon enfant, à demain.

Madame Durmont a quitté Lise, qui s'établit sur une chaise et prend son ouvrage, en se disant :

— Oh! non, je ne dormirai pas... pour que dans mon sommeil on vienne encore enlever la cuillère... Ah! si j'avais toujours veillé, cela ne serait pas arrivé ; mais cette nuit je résisterai au sommeil... d'ailleurs, cette carcel éclaire parfaitement, je puis broder.

Cependant Casimir s'est rendu dans la pièce qu'on lui a désignée et qui est à peine éclairée par une veilleuse. Il y trouve Ambroisine, qui est assise contre la porte vitrée ; il échange avec elle un froid salut, en lui disant :

— Je vous remercie, madame, de n'avoir pas manqué à ce rendez-vous, dans lequel vous devez avoir la preuve de l'innocence de Lise...

— Je le désire, monsieur, car je suis moins méchante que vous le pensez... mais je vous avoue que je doute fort que l'on réussisse à la constater.

L'arrivée de madame Durmont met fin à cet entretien. Elle place la veilleuse fort loin de la porte vitrée, en disant :

— De cette façon, il est impossible que de la chambre de ma sœur on voie qu'il y a de la lumière ici, tandis que nous-mêmes, à travers ce léger rideau de mousseline, nous pouvons voir tout ce qui s'y passe. Tenez, madame, veuillez regarder...

Ambroisine met sa tête contre le vitrage et murmure :

— En effet, je vois fort bien, car la chambre est très-éclairée... la jeune fille travaille...

— Oui, et maintenant, il nous faut de la patience, nous devons attendre qu'elle s'endorme.

— Mais si elle ne s'endort pas?

— Oh! je suis sûre du contraire; grâce à un léger narcotique que j'ai mêlé à la tasse de thé que je lui ai fait prendre, et je crois que cela était nécessaire, car elle était bien décidée à ne pas dormir. Mais ce breuvage ne fera peut-être son effet que dans deux ou trois heures... si, d'ici là, madame, vous voulez vous mettre sur cette causeuse.

— Non, madame, merci, je n'ai nullement envie de dormir, car je suis trop curieuse de savoir ce que vous comptez faire.

Cette conversation avait lieu à voix basse, ce qui ajoutait au mystère que cette nuit devait dévoiler. Ces trois personnes rassemblées là se sont assises et gardent ensuite le silence, prêtant l'oreille à ce qui se passe dans la chambre où est Lise. La sœur, qui a sa leçon, demande à boire; la jeune fille se hâte de lui en porter. Elle lui offre ensuite une cuillerée de sirop qui est acceptée. Lise remet avec soin la cuillère à bouche sur la table et s'assoie à côté. La soi-disant malade s'endort réellement et la jeune fille se remet à son ouvrage.

Une heure s'écoule ainsi; puis une autre. L'anxiété de Casimir augmente; Ambroisine ne souffle pas un mot, mais elle ne ferme pas l'œil. Madame Durmont regarde constamment au vitrage, en murmurant :

— Mon Dieu! elle ne s'endormira donc pas... parviendrait-elle à vaincre le narcotique?...

Quelques minutes, qui semblent être des siècles, s'écoulent encore; enfin, madame Durmont s'écrie :

— Ah! elle lutte en vain... son ouvrage lui tombe des mains... elle va dormir...

— Oui, oui, elle s'endort, dit Casimir; voyez, sa tête est retombée en arrière... Oh! la voilà bien endormie...

— Et maintenant, dit Ambroisine qui regarde aussi, que va-t-il se passer...

— Attendez, madame... que le sommeil soit bien profond... à présent, nous pouvons relever entièrement ce rideau sans craindre d'être vus.

Le rideau est relevé. Les trois personnes ont les regard attachés sur Lise; au bout de quelque temps, elle s'agite, son sommeil semble pénible.

— Mon Dieu, elle a l'air d'être bien oppressée, dit Casimir, elle doit faire un mauvais rêve...

— Ah! elle s'éveille... car la voilà qui se lève et ouvre les yeux, dit Ambroisine.

— Silence, madame, silence... dit madame Durmont, elle dort toujours... ne voyez-vous pas qu'elle est somnambule...

— Somnambule?

— Chut... écoutez... elle parle...

Lise, qui dort toujours, bien que ses yeux soit tout grand ouvert, quitte sa chaise, en disant :

— Oui, bonne maman, oui... je vais serrer ta cuillère d'argent... que tu aimes tant... et que tu as si peur qu'on nous vole... Oh! mais je la cacherai bien, va... toujours au même endroit... tu sais, sous ton sommier de crin...

Et aussitôt Lise va prendre la grande cuillère restée sur la table, et, allant se mettre à genoux devant le lit, fourre la cuillère entre la sangle et le sommier, puis se relève, en disant :

— Oh! elle est bien cachée... personne ne la trouvera-là... n'aie plus peur, bonne maman...

Lise retourne à sa place, se rasseoit et ferme les yeux. Les trois personnes qui regardaient au vitrage n'ont rien perdu de ce qui s'est passé. Casimir est transporté de joie.

— Justifiée ! s'écrie-t-il, elle est justifiée, car les autres cuillères doivent être cachées au même endroit, n'est-il pas vrai, madame ?

— Assurément ! répond madame Durmont, cette jeune fille est somnambule, voilà ce que j'avais deviné... voilà ce que je tenais à vous faire voir... venez, nous pouvons entrer dans sa chambre, elle ne se réveillera pas, maintenant...

— Somnambule ! dit Ambroisine, qui a peine à revenir de son étonnement. Ah! je suis bien curieuse de l'examiner de près.

La porte vitrée est ouverte, on entre dans la chambre à coucher. Lise est dans la bergère, sa tête est penchée en arrière, et, dans l'agitation de son sommeil, elle a entièrement écarté le fichu qui couvrait son col, on peut voir alors un petit médaillon suspendu à un ruban noir, qu'elle porte toujours caché sous sa robe.

Madame Montémolly qui doute encore du sommeil de Lise, s'approche d'elle et l'examine attentivement.

— Venez, madame, lui dit Casimir, venez... allons chez vous... la cuillère doit être également cachée sous le lit de votre petite malade... il faut que vous ayez vous-même la preuve de l'innocence de Lise...

Mais Ambroisine semble frappée d'étonnement, elle vient d'apercevoir le médaillon pendu au cou de la jeune fille, ce médaillon qui a une forme particulière est émaillé tout autour et artistement guilloché, elle ne peut plus en détourner ses yeux, et se contente de répondre à Casimir :

— Allez, monsieur... allez avec madame... vous n'avez pas besoin de moi... ma bonne veille avec de la lumière... d'ailleurs, voici ma clef...

— Mais pourquoi ne venez-vous pas avec nous ?

— Parce que... quelque chose de bien plus important me retient près de Lise... vous saurez tout à l'heure ce que c'est... allez...

Casimir n'insiste pas, il est pressé d'ailleurs d'aller chercher l'autre cuillère; madame Durmont ne l'est pas moins que lui, car elle est fière d'avoir réussi à découvrir le mystère qui enveloppait les actions de Lise. Sur l'escalier ils trouvent Rouflard, qui s'y était mis en sentinelle.

— Justifiée ! lui dit aussitôt Casimir, elle est somnambule, et en dormant, pensant toujours à la cuillère de sa mère, cache celle qui est près d'elle sous le sommier du lit... nous allons chercher celle qu'elle a dû cacher ainsi chez madame Montémolly...

— Ah ! de grâce, permettez moi d'y aller avec vous, s'écrie Rouflard, je serai heureux de voir la figure que va faire sa drogue de bonne !...

— Venez, Rouflard... venez...

On entre chez Ambroisine, on trouve mademoiselle Adrienne qui dormait dans le salon au lieu de veiller près de l'enfant, mais Casimir la réveille en lui disant :

— Venez avec nous, mademoiselle, conduisez nous dans la chambre où Lise a passé la nuit hier... nous allons y trouver cet objet perdu...

— La cuillère ?... ah ! elle est forte celle-là... puisque j'ai cherché partout inutilement !

Mais on n'écoute pas la domestique et l'on se rend dans la jolie chambre où couche a petite fille. Là, Casimir court au lit, fouille sous le sommier de crin et ne tarde pas à pousser un cri de joie en retirant la cuillère qu'il fait voir à tout le monde.

Alors Rouflard saute de joie, et dit à Adrienne :

— Dites donc, la mauvaise langue, il paraît que vous n'aviez pas cherché partout, quoique ça.

— Eh ! mon Dieu ! qui est-ce qui va se douter qu'on ira mettre une cuillère d'argent à cet endroit-là... pourquoi faire ?

— Quand on est somnambule on fait des choses bien plus surprenantes !...

— Somnambule ?...

— Eh oui, voilà tout le mystère... ah ! tant pis !... je monte chez les Proh, pour leur apprendre où est leur cuillère...

— Mais ils dorment, Rouflard !...

— Raison de plus, mon artiste... ça leur fera plus d'effet, je veux que la justification de mon bon ange fasse autant de bruit que les calomnies dont on l'accablait.

## XVIII

### AUTRE DÉCOUVERTE.

Casimir et madame Durmont sont retournés près d'Ambroisine qu'ils trouvent toujours près de Lise, qui ne s'est pas éveillée, et dévorant des yeux le médaillon attaché au cou de la jeune fille, mais n'osant pas y toucher, de peur de la faire sortir du sommeil un peu forcé dans lequel l'a plongée le narcotique qu'on lui a fait prendre.

— Madame! madame! voici votre cuillère! s'écrie Casimir en montrant la pièce d'argenterie, elle était cachée comme ici... grâce à madame, cette pauvre petite est pleinement justifiée...

— Oui, monsieur, oui... je n'en doutais pas... mais

quelque chose que je ne puis comprendre me retient près de Lise... ce médaillon qu'elle porte, est tout semblable à celui que j'avais attaché au cou de ma fille ; le mien s'ouvrait, et, en dedans, j'avais fait graver deux lettres: un A et un G, c'étaient les initiales de mon nom et de celui de son père... je brûle du désir de savoir si ce médaillon peut s'ouvrir... mais je n'ose pas le prendre de crainte de réveiller cette petite...

— Oh ! il n'y a pas de danger ! dit madame Durmont, son sommeil est profond maintenant... attendez... attendez, je vais lui enlever... ou plutôt dénouer ce ruban.

La dame du second s'y prend fort bien ; elle a dénoué le ruban et pris le médaillon, qu'elle présente à Ambroisine, celle-ci le prend d'une main tremblante, elle cherche... trouve la jointure ; le médaillon s'ouvre... Ambroisine pousse un grand cri, elle vient de reconnaître les deux lettres, elle les fait voir à ceux qui l'entourent, en leur disant :

— Tenez... regardez... un A... un G... c'est bien le médaillon que j'avais attaché au cou de ma fille quand je la remis à sa nourrice... comment se trouve-t-il au cou de cette petite ?...

Cependant le cri poussé par Ambroisine a réveillé Lise, elle ouvre les yeux, regarde ceux qui l'entourent, et balbutie :

— Mon Dieu... qu'est-ce que j'ai donc encore fait?...

— Ne craignez rien, mon enfant, dit madame Durmont, votre innocence est reconnue... tout vous sera expliqué...

— Mais en ce moment, dit Ambroisine, veuillez me répondre... ce médaillon... qui était à votre cou... et que je me suis permis de prendre pour l'examiner de plus près... d'où vous vient-il? de qui le tenez-vous?

— De qui je le tiens... mais je l'ai toujours eu, ma mère l'avait attaché à mon cou en me portant chez ma nourrice...

— Votre mère... mon Dieu... comment se nomme-t-elle?...

— Je ne l'ai jamais su... elle ne disait pas son nom quand elle venait me voir chez ma nourrice...

— Comment... vous ne savez pas?... et vous avez avec vous votre grand'mère... elle existe...

— Ah! madame, la pauvre vieille paralytique n'est pas ma parente; elle était la mère de ma bonne nourrice, qui avait bien soin de moi, qui m'a gardée avec elle; quand ma mère, à moi, m'a abandonnée... et voilà pourquoi, moi, quand ma nourrice est morte, j'ai toujours eu soin de sa mère...

— Mon Dieu... tout ce que j'entends... mon enfant, de grâce... le pays où vous étiez élevée...

— Pierrefitte, madame...

— Pierrefitte... c'est bien, ah !... et le nom de votre nourrice...

— Catherine Mauger...

— Ah ! plus de doute ! tu es ma fille !...

Ambroisine prend Lise dans ses bras, elle la couvre de baisers, en lui disant :

— Oui, tu es bien ma fille, mais ne crois pas que j'aie jamais eu la pensée de t'abandonner... moi, qui étais si heureuse d'avoir une fille !... Tu as été... nous avons été toutes deux indignement trompées... j'avais une tante qui te détestait; pendant un voyage que je fis en Italie pour rétablir ma santé, cette tante, à qui j'avais bien recommandé de veiller sur toi, m'annonça que tu avais cessé de vivre !...

— Oh ! alors, ce doit être elle qui a écrit à ma nourrice, en lui envoyant une somme d'argent assez forte, pour qu'elle vînt s'établir à Paris, et ne m'appelât plus que Lise au lieu du nom de Léontine que ma mère m'avait donné...

— Léontine... ah ! c'est bien cela... ta mère... mais c'est moi, chère petite, c'est bien moi... est-ce que tu ne m'aimeras pas un peu... est-ce que tu ne me pardonneras pas... le mal que je t'ai fait...

— Oh! madame... ma mère... je ne m'en souviens plus !

Les témoins de cette scène partagent la joie, l'attendrisment de ces deux femmes, dont l'une retrouve sa fille qu'elle croyait morte depuis longtemps, tandis que l'autre que l'on accusait, que l'on soupçonnait coupable d'une action déshonorante, se voit maintenant embrassée, couverte de caresses et de larmes par une belle dame qui est sa mère. Lise, dans sa joie, tend ses mains à Casimir en s'écriant :

— Ah ! vous ne m'avez jamais cru coupable, vous !

Puis elle remercie madame Durmont en lui disant :

— Madame, c'est donc à vous que je dois d'avoir retrouvé l'estime du monde... comment donc avez-vous fait pour prouver mon innocence ?...

— Ma chère enfant, après tout ce qui s'était passé, j'avais deviné que vous étiez somnambule, et je ne m'étais pas trompée.

— Quoi ! je suis somnambule ?...

— Oui, sans doute, et, en dormant, toujours préoccupée de la cuillère d'argent que vous aviez donnée à votre vieille compagne, et craignant qu'on ne vous la vole, vous prenez celle qui est près de vous croyant que c'est la vôtre et vous la cachez... oh ! ceci n'a rien de bien extraordinaire et j'ai vu faire à des somnambules des choses bien plus étonnantes !...

— Mais, quand je suis éveillée, je devrais me rappeler ce que j'ai fait en dormant ?

— Non, mon enfant, les somnambules ne se souviennent jamais de ce qu'ils ont fait pendant qu'ils sont en proie à ce sommeil en action, et c'est là ce qu'il y a de plus singulier dans cette maladie, car c'en est une, mais qui passe avec la jeunesse, et disparaît entièrement lorsque l'âge a calmé nos passions et la chaleur de notre sang.

— Maintenant, dit Ambroisine, ne dérangeons pas plus longtemps madame, à qui je dois aussi mon bonheur, puisque c'est grâce à l'idée qu'elle a eue de te voir endormie que j'ai pu apercevoir ce médaillon et retrouver ma fille. Viens, ma chère Lise, viens chez ta mère que tu ne quitteras plus désormais.

Lise est embarrassée, elle sourit à sa mère, mais elle balbutie :

— Et la pauvre vieille que je n'ai jamais quittée... est-ce que vous voudriez que je l'abandonne maintenant ?...

— Non, non, chère fille, je comprends ton cœur, en

te retrouvant, je ne veux te causer aucune peine : la mère de ta nourrice ne te quittera pas, je la prendrai avec nous, mon appartement est assez grand pour que je puisse lui donner une chambre. De cette façon rien ne lui manquera, et tu veilleras toujours sur elle...

— Ah! madame... ma mère... vous êtes bonne aussi!

— Et maintenant que le jour paraît, je vais monter avec toi dans cette pauvre chambre que tu habitais, nous apprendrons à la bonne vieille que tu n'es plus orpheline et que jamais ta mère ne t'avait abandonnée... je te montrerai la lettre de ma tante, où elle m'annonce que j'ai perdu ma fille, car je l'ai toujours conservée...

— Et moi, ma mère, je vous montrerai la lettre que ma nourrice a reçue avec une somme d'argent et dans laquelle on lui ordonne de ne plus m'appeler que Lise et de venir s'établir à Paris.

— Oh! oui, et je suis sûre que je reconnaîtrai l'écriture de ma tante.

Ambroisine est bien heureuse; elle tend sa main à Casimir, en lui disant :

— Désormais, nous sommes amis, j'espère, ne voyez plus en moi que la mère de Lise, qui vous remercie de l'intérêt, de l'amitié que vous portiez à sa fille... et qui ne s'opposera jamais à ce qui pourra faire le bonheur de son enfant.

## AUTRE DÉCOUVERTE.

Casimir serre de bon cœur cette main, qui est maintenant celle d'une amie.

On quitte madame Durmont en lui renouvelant des remerciements qu'elle avait si bien mérités. Lise remonte à sa chambre accompagnée de sa mère, qui ne veut plus quitter la fille qu'un si grand hasard vient de lui rendre. Dans l'escalier on trouve encore Rouflard qui sort de chez les Proh, en criant :

— Ils ont leur cuillère... elle n'était jamais sortie de chez eux. Mais, sapristi, j'ai eu de la peine : Croiriez-vous qu'on refusait de m'ouvrir !

En entendant sonner chez eux au milieu de la nuit, la famille Proh avait d'abord jugé inutile de répondre, mais le bruit de sonnette ne cessant pas, on avait demandé :

— Qui est là ? et en reconnaissant la voix de Rouflard qui criait : « C'est moi, je viens vous faire trouver votre cuillère ! » Le professeur avait répondu :

— Vous êtes un drôle, vous voulez par cette ignoble plaisanterie troubler encore notre sommeil, demain, je vous appellerai devant les cours et tribunaux.

A quoi Rouflard avait répondu :

— Je ne vous fais pas une plaisanterie, c'est vous autres, qui êtes une famille de concombres !.. je tiens à vous faire reconnaître l'innocence de Lise, qui est somnambule et je vais vous faire trouver votre cuillère ! je sonnerai jusqu'à demain si cela est nécessaire.

Madame Proh se décide enfin à ouvrir. Alors Rouflard dit :

— Venez tous avec moi dans la chambre où Lise a passé la nuit, elle a caché votre cuillère sous le sommier de crin du lit...

— Ce n'est pas possible, dit Angélina, je m'en serais aperçue !

— Et comment cela, si vous dormiez ?... conduisez-moi toujours.

On se rend dans la chambre de la demoiselle. Le petit garçon qui s'est levé aussi et entend tout, s'écrie :

— Je vais fouiller sous le sommier...

— Non, non, tu n'as pas le bras assez long, dit Rouflard, que l'illustre professeur y fouille si cela lui est agréable...

— Moi ! que je me prête à cette nouvelle turpitude, pour que vous vous moquiez de moi... n'y comptez pas.

Mais pendant cette altercation, madame Proh, qui est très-impatiente, s'est déjà mise à deux genoux devant le lit ; elle fourre son bras sous le sommier, et bientôt retire la cuillère en disant :

— C'est ma foi vrai, la voilà !...

— Eh bien, professeur, vous ai-je menti? que direz-vous à cela?

— Je dirai ce que cela prouve : que nos femmes, filles ou servantes qui sont chargées de faire notre ménage ne se donnent pas la peine de retourner notre sommier de crins en faisant les lits, elles se contentent de retourner les matelas, et encore ! et encore !...

— Eh ! monsieur ! s'écrie madame Proh, les femmes ont déjà tant de choses à retourner !

Ambroisine a accompagné sa fille dans sa mansarde, on a trouvé la vieille mère éveillée, on lui apprend les événements de la nuit, et la bonne femme, à force de regarder, de considérer la belle dame, s'écrie :

— Mais oui... oui... je vous reconnais à présent... c'est vous qui nous avez apporté la petite... et qui êtes revenue la voir plusieurs fois à Pierrefitte.

Puis Lise montre la lettre que sa nourrice avait reçue, Ambroisine reconnaît l'écriture de sa tante, et si elle avait eu encore du doute sur l'idendité de sa fille, cette dernière preuve ne pouvait plus lui en laisser. De son côté, elle montre aussi à Lise la lettre de sa tante qui lui annonçait la mort de son enfant; car elle tient à prouver à sa fille qu'elle n'avait jamais eu la pensée de l'abandonner.

Le lendemain de cette nuit si féconde en événements, un grand changement se fait dans la maison. Florentine ayant repris sa fille avec elle, Ambroisine installe Lise dans la jolie chambre bleue qu'on avait donnée à l'enfant; puis on dispose une autre pièce pour la vieille paralytique, que l'on transporte de sa mansarde dans le logement du premier, et qui se trouve bien satisfaite en apprenant que, malgré son changement de fortune, la petite Lise, celle qu'elle regarde comme sa fille, ne veut point se séparer d'elle.

Casimir a été bien surpris, bien ému, lorsqu'on a découvert le secret de la naissance de Lise; un moment même il en a eu le cœur serré, comme quelqu'un qui craint de perdre celle qu'il aime. Mais bientôt il acquiert la preuve que l'amour maternel a éteint chez Ambroisine tout autre sentiment et que pour cette femme, si heureuse d'avoir retrouvé sa fille, le passé n'est plus qu'un songe, dont elle ne veut même pas conserver le souvenir. Le jeune peintre peut donc maintenant voir Lise chez sa mère. Mais pendant les premiers mois qui suivent ces événements, il y met de la réserve, car il comprend qu'il y a des situations qui ont besoin du temps pour se consolider. D'ailleurs, maintenant Casimir travaille beaucoup, les succès qu'obtiennent ses tableaux redoublent son ardeur, son amour pour la peinture; dans tous les arts, il ne faut souvent qu'un succès pour tirer un homme de la médiocrité, pour en faire une célébrité, et faute de ce succès, combien de talents sont morts, sans avoir, comme dit *Montaigne*, déballé toutes leurs marchandises.

Six mois après ces événements, M. Loursain meurt des suites d'une indigestion. Ambroisine apprend qu'elle est veuve, et, ce qui la surprend bien plus, c'est qu'elle reçoit une lettre d'un notaire, qui lui fait savoir que son mari lui a laissé toute sa fortune, qui se monte à près de trois cent mille francs. Mademoiselle Rose, la bonne si coquette, et que son maître tutoyait, n'a eu pour tout legs qu'une somme de six cents francs et le portrait en pied de M. Loursain. Dans sa colère, elle a fait ajouter au portrait une paire de cornes et le vend pour servir d'enseigne à un charcutier, qui fait écrire dessous : au bœuf à la mode.

Ambroisine, qui comptait abandonner une grande partie de son bien à sa fille, lui donne d'abord en dot cette fortune que lui laisse M. Loursain, elle s'achète pour elle une charmante maison dans les environs de Paris, où elle compte aller vivre lorsque Lise épousera Casimir.

Cette union ne tarde pas à se faire, car Lise a avoué à sa mère qu'elle aime celui qui a fait son portrait. Ambroisine établit les jeunes époux dans une charmante demeure et se retire dans la maison de campagne que maintenant, elle veut toujours habiter; mais si Lise a quitté sa mère, elle a, quoique mariée, voulu garder celle qu'elle soignait dans sa modeste chambrette, la bonne vieille qu'elle appelait aussi sa mère, et, en secret Casimir aime cent fois mieux qu'elle ait près d'elle celle-ci que l'autre.

Depuis que chez les Proh on a retrouvé la cuillère d'argent, le petit Phonphonse ne cesse pas de crier dans la maison :

— Lise est funambule !... et quand on est funambule on cache tout ce qu'on veut.

En vain, M. Proh dit à son fils :

— Ce n'est pas funambule, c'est somnambule qu'était cette jeune fille...

— Quelle est la différence ?

— La différence, mon fils, c'est que l'un marche en dormant et que l'autre marche sur une corde et y danse même tout éveillé.

— Eh bien, j'aime mieux être somnambule !

— Pourquoi, mon fils, le somnambulisme est une infirmité, tandis que le funambulisme est un talent !

— Oui, mais quand je serai somnambule, je cacherai tous les pots de confitures.

— A quoi cela vous avancerait-il, Alphonse, puisque une fois éveillé, on ne se souvient nullement de ce qu'on a fait en état de somnambulisme.

— Ah ! mais! pas si bête ! je ne serai somnambule que d'un œil !...

M. Proh se frappe le front, en s'écriant :

— Ce petit garçon peut aller à tout !

Grâce aux travaux que Casimir lui procure, Rouflard peut vivre, il pourrait même se loger un peu moins mal que dans son grenier ; mais il y reste, il prétend qu'il y est habitué, comme à appeler le portier son domestique; le jeune peintre ne demeurant plus dans la maison, Chausson laisse quelquefois son ancien maître coucher dehors, parce que celui-ci se grise toujours. En vain, Casimir lui dit souvent :

— Il faut vous corriger de ce vilain défaut, Rouflard, quand on le veut bien, on se corrige de tout !... voyez, moi, j'étais un paresseux, aujourd'hui j'aime le travail.

— C'est très-bien, répond Rouflard, mais moi, j'ai besoin de consolations... j'avais au-dessous de moi un petit ange, vous l'avez emporté, quand je suis gris je me figure qu'il est toujours près de moi... et voilà pourquoi je bois !

FIN.

# TABLE DES CHAPITRES

| | |
|---|---|
| I. Causerie-Préface.......................... | 1 |
| I. bis. Une bonne en course................ | 9 |
| II. Chez le pharmacien....................... | 26 |
| III. Un jeune homme entretenu.................. | 49 |
| IV. Un déjeuner intime ..................... | 66 |
| V. Le beau Roufiard.. ................. ....... | 88 |
| VI. La famille Proh.................... ...... | 102 |
| VII. La petite Lise........................ | 114 |
| VIII. On fait connaissance.,................ | 127 |
| IX. Une cuillère d'argent...................... | 142 |
| X. Encore les bonnes........................ | 155 |
| XI. Le vin de quinquina...................... | 164 |
| XII. La première séance...................... | 174 |
| XIII. Un enfant terrible..................... | 190 |
| XIV. La dame du premier.......... ............ | 205 |
| XV. Mademoiselle Proh malade.... ............ | 215 |
| XVI. Encore un fait extraordinaire.. ............ | 233 |
| XVII. Ce que c'était................... .. ..... | 249 |
| XVIII. Autre découverte..................... | 266 |

FIN DE LA TABLE.

F. Aureau. — Imprimerie de Lagny

www.ingramcontent.com/pod-product-compliance
Lightning Source LLC
Chambersburg PA
CBHW050631170426
43200CB00008B/968